区工作三十年

实战手记

倪爱华/著

中国出版集团

中译出版社

图书在版编目（CIP）数据

景区工作三十年实战手记 / 倪爱华著 . –– 北京：
中译出版社，2021.5（2022.6 重印）

ISBN 978-7-5001-6536-1

Ⅰ.①景… Ⅱ.①倪… Ⅲ.①旅游区－旅游资源开发
②旅游区－运营管理 Ⅳ.① F590.6

中国版本图书馆 CIP 数据核字（2021）第 094065 号

景区工作三十年实战手记
JINGQU GONGZUO SANSHI NIAN SHIZHAN SHOUJI

出版发行 / 中译出版社
地　　址 / 北京市西城区车公庄大街甲 4 号物华大厦 6 层
电　　话 /（010）68359376　68359303　68359101
邮　　编 / 100044
传　　真 /（010）68357870
电子邮箱 / book@ctph.com.cn
责任编辑 / 顾客强
封面设计 / 青朴文化
印　　刷 / 三河市明华印务有限公司
经　　销 / 新华书店
规　　格 / 710mm×960mm　1/16
印　　张 / 12.5
字　　数 / 120 千字
版　　次 / 2021 年 7 月第 1 版
印　　次 / 2022 年 6 月第 2 次

ISBN 978-7-5001-6536-1　　定价：55.00 元

前言
Preface

在三十年的景区实战运营经历中，我见证了国内景区的发展和繁荣，也见证了一些景区的没落和谢幕。从大的趋势来看，改革开放以来，我国的旅游景区已经逐渐规模化和规范化，旅游景区质量整体上有了很大的提升，但是在大家看到的景区繁荣景象的背后，景区之间的竞争已呈现出白热化势头。随着景区产品竞争和市场竞争越来越激烈，游客对景区产品的需求也越来越多样化，不少景区的日子可以用"水深火热"来形容，景区产品开发和运营管理越来越难，内在因素和外部竞争环境都要求景区不断地进行升级和变革。

为了帮助景区从业者梳理旅游景区的升级和变革思路，找到景区发展的路径，我结合自己在景区从事运营管理的三十年实战工作经验和一些业内优秀案例，整理出一本手记，尝试从产品、营销、管理、融资投资四个方面对景区发展进行深入的分析和思考，希望能在景区产品开发和运营管理工作上为景区从业者提供一种新的视角和参考路径。

本书共分为四章。第一章为产品篇。对于一个景区来说，产品是核心，一个景区是否受游客欢迎，很大程度取决于产品的好坏。产品的核心是品质，如何打造出高品质产品，使其在市场上既叫好又叫座，是我们需要关注的重点。在产品篇中，我会和大家一起探讨从前期调研到后期落地，如何策划和开发景区产品，并对当下一些热门景区如何打造网红景点、如何打造景区研学产品、山岳型景区如何淡季不淡等方式方法进行评析，探寻景区高品质产品的开发之道。

第二章为营销篇。"景区是船，营销是帆"。一个成功的景区，好的产品只占一半，另外一半就是营销和管理。营销的核心是引流，如何通过营销宣传引流市场客群关注度并把客群关注度转化为客流量，是营销的关键。营销篇中，我会和大家分享如何在互联网时代通过品牌营销、网红事件和主题活动策划创意营销、新媒体营销、散客团队渠道建设、住宿业营销来提升景区的品牌影响力，吸引客群关注，从而达到把客群关注转化为景区客流量的终极目标。

第三章是管理篇。景区管理涉及的维度有很多，但我一直认为，景区管理的重中之重就是要围绕树立景区的优品牌和好口碑来做管理。景区管理的核心是打造景区的好口碑，如何做到让每一位游客满意，让每一位游客感动，是管理工作中最需多加思考的问题。在管理篇中，我就景区精细化管理、打造智慧景区、二次消费产品的打造和运营、景区街区运营、山岳型景区和地方村民关系处理等系列问题进行深入分析和探讨，寻找以管理提升景区口碑、品牌、效益的可行之道。

第四章是融资投资篇。对于旅游景区来说，自身资产总量、营业额和盈利水平决定其被资本市场接受的程度和融资的难易程度。景区融资的核心是景区是否存在最优负债率。景区债务成本很高就要降低负债，景区债务收益很高就要增加负债。如何通过政府、金融机构、景区的共同努力解决旅游景区发展中融资存在的问题，景区融资后如何规范公司对外投资行为，提高投资效益，防范对外投资风险，维护公司利益，获取较高的投资回报，是景区融资投资活动中的难点。在融资投资篇中，我将从自己的实操经验出发，为景区的融资投资提出建议。

最后需要说明的是，本书是根据个人多年工作经验总结而成，书中大部分内容都是我在工作中遇到实际问题的实践所得和事后思考。这些内容以手记的形式展现给大家，相对于其他关于景区的理论性著作来说，虽然不成体系，不够全面，但是实践性较强。希望本书能为景区从业者解决实际问题提供有价值的参考，如有不足之处，还请提出宝贵意见。

目 录
Contents

第三章　管理篇

第四章　融资投资篇

第一章 产品篇

对于一个景区来说，产品是核心，一个景区是否受游客欢迎，很大程度上取决于产品的好坏。产品的核心是品质，如何打造出高品质产品，使其在市场上既叫好又叫座，是我们需要关注的重点。在产品篇中，我会和大家一起探讨从前期调研到后期落地，如何策划和开发景区产品，并对当下一些热门景区如何打造网红景点、如何打造景区研学产品、山岳型景区如何淡季不淡等方式方法进行评析，探寻景区高品质产品的开发之道。

手记1.
如何理解景区产品

景区产品究竟是什么？

对于游客来说景区产品是"诗与远方"，是亲身体验的新奇和值得回味的美好瞬间。对于一个景区来说，产品既是景区的核心和竞争力，又是优质品牌和好口碑形成的源头。因此，一个景区是否受人欢迎，很大程度上都取决于产品的好坏。

景区产品是由核心吸引产品、核心产品的配套产品和核心产品的延伸产品组成的一个整体。核心吸引产品是游客购买的基本对象，向游客提供、展示的产品的核心利益、核心服务和核心价值可以是自然风光、文化人文景观、四季气候条件等产生的氛围、意境、印象、精神内涵、美好享受等。核心产品的配套产品是为核心产品提供的方便游客参观体验的相关支撑要素，可以是旅游公路、栈道、步道、水、电、游客中心、服务用房等基础设施，也包括安全保障、智慧旅游信息化服务、银行终端金融服务等。核心产品的延伸产品是景区从流量到质量的延伸，独木难成林，只有产品业态丰富了，游客可选择的产品多了，游客才能愿意付出时间和金钱，景区也才能成为大的旅游目的地。核心产品的延伸产品可以是吃、住、行、游、娱、购、商、养、学、闲、情、奇等十二要素对应产品的延伸，比如夜景、夜演、夜宴、夜娱等夜间产品的延伸。

旅游景区主要产品必须有核心吸引力强的特点。比如山岳型景观黄山有莲花峰、光明顶、天都峰奇峰怪石，黄山迎客松奇松，以及云海和温泉等自然景观；安徽黟县西递村和宏村有作为世界文化遗产的文化类核心吸引产品。这些景区主要产品都有核心吸引力强的特点。这些产品的核心吸引力都是景区赖以生存的要素。当然有核心吸引力的产品也可以是创意策划设计的游乐园体验产品，比如长隆欢乐世界、方特乐园等游乐园产品。

景区产品还有与普通工业产品不同的特点，它主要是为游客提供精神需求、感官享受，能陶冶性情，让人心情舒畅。景区产品被购买后只能观赏、体验、感受，往往不能运输，不能打包带走，因此营销时景区产品也不能带到消费者所在地展示，只能通过文字描述、图片影像视频展示、声音传播等方式进行宣传，因此景区产品的吸引力大小就成为景区产品开发是否成功的关键。

旅游景区产品可根据游客时间和喜好组合成团队产品和散客产品，比如整体线路产品和定制式产品。整体线路产品指满足游客在团队旅游中所需要的产品和服务组合的总和，比如景区的团队全程旅游线路。定制产品指景区游客在选择景区产品定制组合时，根据游客的时间、人数、预花费资金数在景区各旅游景点分别提供的吃、住、行、游、娱、购等产品中选择产品进行定制，主要满足散客需求。

只有深刻理解景区产品的本质、内涵、外延，才能找出景区产品与市场客群的共鸣点，最终开发出核心吸引力强的好产品。

手记2.
景区产品开发定位要精准、有宽度

做好景区产品开发定位工作，首先要成立专门班子，明确一个牵头负责人并组建一支队伍。然后要召开诸葛亮会，集思广益，形成一个初步的思路。景区应立足自身实际情况，围绕吃、住、行、游、购、娱、商、学、养、闲、情、奇十二方面从时间和空间维度对景区产品进行调研并形成自己的初步思路。然后聘请专业团队做产品策划，策划期间不断进行多轮想法思路的碰撞沟通，策划团队应结合景区控规、土地利用总体规划等上位规划和功能节点分布进行策划，最终形成策划成果。在策划的基础上再做概念规划和详细规划。在做策划和规划时，景区可以从以下两个方面向策划团队提出景区的思路和建议。

一、景区产品定位要精准

一是景区产品一般分短期产品和长期产品，开发产品时应该使短期产品和长期产品精准结合。景区在做长期产品策划规划时主要应着眼于景区的长期、稳定、持续发展，做短期产品策划规划时主要应朝景区短期内聚人气和引客流的方向发力，短期产品和长期产品分步适时投放市场，两者优势互补、相得益彰。

二是在景区产品开发中，不论是长期产品还是短期产品都要精准寻找到景区的主导产品和与众不同的特色产品。

主导产品是景区的生命线，必须品质优、有核心吸引力和阻隔性，对于拥有较高品质自然和文化资源的景区来说，只要寻找出资源特色，打造出好的主导产品应该不难。例如西湖景区打造出了自然美景新旧"西湖十景"，文化景观断桥、雷峰塔等主导景观。但是我国不少景区自然和文化资源一般，需要采取"无中生有"的策划方法，让无奇的资源变成受欢迎的旅游产品。可根据景区现有的自然资源、历史文化、文物古迹、名人故事等元素进行策划创意，采用市场对标的方式找对消费人群，在调研的基础上确定特色产品类型，特色产品对应相应的市场客群。例如无锡市灵山景区就是一个自然和文化资源一般的景区，策划团队用"无中生有"的方法，让原来的一片荒芜之地变成了一个拥有大美境界的旅游目的地。无锡灵山深挖佛文化，以佛文化为魂，以品质为根，以体验为王，以市场为基，在核心团队凭借创意、创新、创造能力进行的二十多年持之以恒的努力打造下，做出了品质、品味、品牌一流的精品。景区由小灵山、祥符禅寺、灵山大佛、天下第一掌、百子戏弥勒、佛教文化博览馆、万佛殿等景点组成，集湖光山色、园林广场、佛教文化、历史知识于一体，是中国最为完整、也是唯一集中展示释迦牟尼成就的佛教文化主题园区，同时还配套打造出了禅意文化超强IP度假旅游目的地拈花湾小镇，十分受市场欢迎。

二、景区产品开发定位要有全时、全域和文化的宽度

（一）产品开发定位要有全时的宽度

不同层次的产品满足不同年龄段的消费者的需求。针对不同目标市场开发的产品要分别适应四季和昼夜的不同。例如：武隆景区冬季有盐井峡温泉、仙女山滑雪场，夏季有武隆仙女峡漂流，春秋季有高山草原，四季景点形态全面且丰富多彩；游客白天可以游览天生三桥、仙女山、芙蓉洞等喀斯特自然景观，晚上可以体验土家族、苗族、仡佬族等少数民族独特的民俗风情，观看《印象武隆》大型实景演出。

（二）景区产品开发定位要有文化的宽度

景区产品开发要提炼文化精髓，以文化为魂，着重塑造文化产品的大众化、显性化、体验化特色。特色文化产品往往能点石成金，比如武夷山茶产品开发孕育了深厚的茶文化底蕴，"大红袍"在全国乃至世界上享有盛誉，形成较大的品牌经济效应，带动100多万商务客人前来武夷山，形成茶艺活动、节庆活动、实景演出、茶园参观、茶文化主题博物馆等一系列大众化、显性化、体验化的产品业态。

（三）景区产品开发定位要有乡村全域的宽度

乡村旅游正在强力回归，旅游从看风景、识风趣，向体味乡愁、回归生活、懂风情转变。乡村旅游产品开发适逢政策支持，全面推进乡村振兴把解决三农问题作为当前工作的重中之重，支持全国乡村旅游重点村建设，推介一批美丽乡村休闲旅游行精品线路和休闲农业精品点；十四五规划建议中还专门提到发展乡村旅游。

乡村旅游产品由看田和吃饭的"农家乐"，到玩乡村、住乡村民宿的乡村休闲度假，现在已经开始出现年轻群体到乡村居住和生活的"乡村旅居"阶段，使乡村更有活力。比如中国最美乡村婺源，游客到此除了欣赏田园风光，还可以采购农副产品。婺源篁岭晒秋文化IP融合了村味、村品、村艺、村宿，晒秋创意点燃篁岭乡村，游客既可以感受到篁岭的田园风光，又可以体味未曾远去的"乡愁"。乡村已成为城里人心中诗意的"栖息地"。

手记3.
景区产品打造调研三步法

景区要潜心打造出符合游客需求的旅游产品，游客才愿意购买，才有可能产生经济价值。

现实中，不少资金投资景区结果不尽如人意，很大一个原因就是没有进行前期调研，不顾市场和游客的需求，盲目上马。所以，打造景区旅游产品一定要进行调研，这里介绍景区旅游产品项目调研的三步法。

（一）要对全国范围的同类产品做较全面系统的实地调研

这种调研首先是要对自身的资源特征和当地文化元素进行提炼和论证，比如对地域民俗风情等人文资源和特色物产、自然山水等资源的收集提炼。在这个基础上先出来一个产品的调研指导方向。调研工作指导方向主要是梳理我们准备做的这类产品要和其他景区同类产品有什么不一样，是自然资源独特性的领先还是文化创意及技术表现形式的领先等。我们做《寻梦龙虎山》实景演艺项目时采取的就是这个办法。

首先我们成立了一个由行政管理人员和相关专家组成的专门队伍，形成调研指导方向后，调研团队到全国各地包括澳门、香港等三十余家各类演艺项目做比较全面的实地调研，通过实地调研不断发现并学习各地演艺项目成功和失败的经验。对成功的项目，发现演艺项目核心的成功点在什么地方，别人做得好的原因是什么；对失败的项目，发现项目做得差的症结所在；我们在吸取全国演艺项目成功和失败的经验教训的基础上，拿出了我们这台演艺项目应如何打造的思路，最后形成了我们的演艺项目调研报告，为项目下一步策划提供了思路，收集SWOT相关资料并做出新打造项目的SWOT分析。这就是前期做全面调研的好处，做好前期调研，可以避免产品开发走一些不必要的弯路。

　　需要说明的是，产品调研报告还要做投资收益测算，一般来说项目投资净利润8%左右才能过项目投决会。政府或国企项目投资收益测算净利润标准会低一些，但至少要实现两个目标：第一个目标是做到运营收支持平，不要财政补贴；第二个目标是产生正向现金流，每年还掉一些贷款。但也有一种特殊情况，就是在调研时发现虽然投资收益测算净利润是微亏，但是项目能带来较大的社会效益，同时也填补了景区产品链条上某一环产品的空白，这样的产品在得到政府奖励扶持的情况下也是值得去做的。

　　（二）要做市场目标客群的实地调研

　　景区经营的本质，是把旅游资源按旅游市场客群的需求打造成产品进行销售并产生经济价值的过程。游客对景区产品的需求是复杂多样的，而且还会经常变化，所以景区针对目标客群的调研必不可少。

　　针对目标客群的调研有两种方式，一种是按地域进行调研，就是根据区域市场离景区的远近进行调研，因为远近不同的区域市场客群会受交通和客群对产品不同的偏好等因素影响，比如武汉和长沙市场的旅游客群有追逐新景点的偏好，同时他们也偏好性价比较高的景点。还有一种是按区域市场客群的年龄进行调研，比如划分出幼年、青年、中年、老年等不同年龄段，针对区域市场中这些不同年龄段的客群对景区产品的不同偏好进行测评、分析、判断，然后根据不同年龄段客群的诉求进行相宜的产品开发。

　　对目标客群的调研方式多样，比如可以做市场问卷调查。在做一个演艺产品市场客群调查时需要根据演艺市场调查内容设计好问卷调查表，通过电话咨询、网络咨询、现场咨询等不同方式采集数据，然后分析数据，得出目标市场客群的第一手资料。这样相当于让市场客群也参与到景区产品的策划开发过程，起到了从市场客群中来又到市场客群中去的效果，这样做出来的产品会更有生命力。

（三）要做景区产品开发前的SWOT分析，为决策提供依据

做好景区产品开发前的SWOT分析，即基于景区产品内外部竞争环境和竞争条件下的态势分析，就是将与景区产品密切相关的内部优势和劣势以及外部机会和威胁通过调研列举出来，并依照矩阵形式排列，用系统分析的思想，把各种因素相互匹配加以分析，从中得出景区产品开发前的决策性依据。

下面，我们就拿《寻梦龙虎山》实景演出项目做一个基础的SWOT分析。要把《寻梦龙虎山》实景演出打造成与国内众多演出的文化演艺形式不同的演出项目，其特性特色也与其他的景区演出项目有着很大的区别。下面从《寻梦龙虎山》实景演出项目的优势、劣势、机会、威胁等方面来进行分析，全面分析《寻梦龙虎山》实景演出项目的可行性。

1.优势分析

（1）夜间消遣娱乐的好去处

寻梦龙虎山项目定位为将娱乐性、趣味性、行进式、沉浸式和刺激性融为一体的实景演出。其市场客群对应较为广泛，既兼顾省内外游客也可服务儿童、青年、中年、老年等不同年龄段游客，全家人可以集体出动。除了娱乐性、趣味性、刺激性和沉浸感极强之外，演出还提炼道文化、古越文化、民俗文化元素融入演艺中。

（2）资源优势

一个优秀的实景演出必须将旅游目的地的地域文化、民俗风情以直观的表现形式展示给游客。龙虎山景区山水资源和道文化、古越文化资源"绝"于天下，有"龙虎天下绝"的美誉。首先《寻梦龙虎山》实景演出舞美场地设计在拥有绝美丹霞山水的仙水岩景区，仙水岩景区由一条清澈

如镜的泸溪河将龙虎山仙水岩两岸的金钟峰、仙人城、莲花石、老人峰等自然和人文景观串联在一起，构成了一幅自然天成的山水画卷。所以说龙虎山山水作为自然天成的舞台背景将赋予《寻梦龙虎山》演出项目一半的生命力。《寻梦龙虎山》项目演出舞美场地有着世界上最大的天然投影崖壁，高90米，宽190米，总面积达18000平方米。假如巨大天然崖壁上用裸眼3D投影，那将创造出人与自然融为一体的画面。天然的崖壁为投影提供了一块大屏幕，能够展现完美剧情，呈现万千变化。观众们泛舟于泸溪河上，观赏秀美风光的同时又能欣赏崖壁上的奇景，效果会极佳。

其次寻梦龙虎山项目可承载1900年的道文化、2600年的春秋战国时期的古越文化和龙虎山民俗文化精髓。《寻梦龙虎山》将依托龙虎山道文化，以"中国梦"为内核，把丹山碧水、道文化及古越民俗融入一场山水实景演出中，本着创意、创新，可感受、可观赏、可体验、可消费的原则，朝文化高品质和盈利性打造，打破了地域限制，可让游客体验到地方文化大餐和绝美风景。

（3）游客资源优势

龙虎山景区已经运营近三十年，游客人数越来越多（商务、会议、组团游、自驾游等），加上周边6000多万人的省内外市场，为打造龙虎山大型实景演出项目提供了有力的客源保障。

（4）项目创新演出方式

《寻梦龙虎山》将首创国内室外实景"行进式"观演方式，将第一次做到真正意义上的山水实景演出，彻底颠覆传统舞台的演出模式，从视、听、触、嗅、味、感等6个方面入手，让观众自踏入演出区域开始，就全身心地融入其中，很难分辨真实与虚幻。可以说这将是《寻梦龙虎山》注重观众感官体验的一个表现，便于人们更好地与山水对话。观众们可以在观赏过程中身临其境地感受"仙境"。《寻梦龙虎山》将通过完全真实的场景体验，把演出和山水有机结合起来，让游客们行进观演的同时，充分感受丹山碧水间的灵秀之气，体验山水之美、文化之美、艺术之美。

（5）采用顶尖设备

国际顶尖的蟒蛇音响系统将使用在寻梦龙虎山项目中，这是其在国内实景演出中的首次亮相。系统均匀铺设在表演区域内，可以使无论在任何位置的观众听到的音乐音效都是同样完美真实的。另外，蟒蛇音响也真正做到了物尽其用，在水上表演时，将音响环绕架设在船上，在最大程度发挥效果的同时避免了不必要的浪费，也避免了对周边居民的生活起居产生干扰。

（6）优秀团队确保高品质

龙虎山将聘请阳光媒体集团主席、中国著名主持人杨澜，2008年北京奥运会开幕式副总导演、2014年南京青奥会总导演、东方歌舞团团长陈维亚，国家一级编导李冬子，国内舞美视觉创意资深导演、数虎联合创始人、数虎艺术总监乔文斌，印象团队创作人、舞美灯光设计师王宇刚等一线著名编导，共同参与项目策划和创意。优秀的团队为演出策划创意的高品质提供了保证。

（7）《寻梦龙虎山》实景演出项目将会和兴办的艺校或武校优势互补、合作共赢

经过调研分析，我们发现演出项目使用演员数量多，人力成本高，外聘演员薪酬高、流动性大，因此龙虎山景区将在打造《寻梦龙虎山》实景演出项目的同时，在演出项目地兴办艺术学校或文武学校，以解决这个痛点。我们将通过全国招商引进艺校或文武学校实现共赢，办学方在演出项目地办学也有很多有益的方面，例如学生白天在学校上课，晚上可以在演出项目实习，还可以有演出补助，一举多得。

2.劣势分析

（1）投资成本大、风险大

寻梦龙虎山总投资将达到2个亿，这是前期预算，后期执行还有可能超

支。演出灯光等设备折旧成本高，后期在经营运作、成本回收以及产品利润获得方面存在较大风险。投资收益测算净利润约为3%左右，基本处在收支平衡状态。

（2）演出季节性强、对主景区游客转化率低

其中季节性强是实景演出最大的客观局限因素。由于受季节限制，《寻梦龙虎山》实景演出一年开放时间大约为8个月，在不开放的时候，维护成本也比较高。如何规避这个劣势将是实景演出能否长久生存的关键。根据调研，国内其他景区的实景演出项目，一般对主景区客源转化最高不会超过30%。

（3）投资回收压力大

由于演出季节性强和每年的营业时间有限，因此可能获得的收益填补歇业的亏损后利润所剩无几。此外，随着实景演出项目的不断增多，竞争急剧加大。同类可替代的竞争对手虎视眈眈。单一的实景演出产品形式不能满足运营需求，必须借助多元品牌文化，二次消费产品的补充，控制投资规模，品牌联合促销，创新营销运营思路。还需针对实景演出主要客户群主攻营销推广，主要凸显演出项目的特色，结合社会热点和文化焦点制作多样化的特色主题活动，吸引更多游客。

（4）实景演出设备折损率高、节目内容可复制性强

为确保演出效果，每年从演出休演的时间开始需要进行各种检修和维护。对于实景演出来说，灯光等设施的更新是一笔很大的支出，能用的设备尽量做到物尽其用。但是随着时间的推移，很多演出内容被复制可能性变高，而对于游客来说，老节目会降低其观看的兴趣，所以节目需要改版升级，这样会增加运营成本支出。

3.机会分析

随着中国经济的平稳发展，人们收入水平的不断提高，第三产业和旅游产业的不断成熟，人们的消费观念将不断改变，越来越多的人将愿意

走出家门，花钱旅游，享受生活，这为实景演出发展提供了广大的消费空间。此外随着中国旅游市场对国外打开，很多外国友人来到中国旅游，他们自然也成为实景演出潜在的消费群体。

创意产业的发展以及科技的进步为实景演出提供了巨大的支撑，创新和科技是实景演出得以存在的保证。高科技与创新的完美结合可以克服实景演出专业演员需求量大的缺陷，科技为提高演出水平和节省成本提供了良好的技术保障。

行进式实景演出作为应用新的观演方式的演出，是龙虎山旅游夜间产品的重要补充，将使龙虎山景区由一日游景区升级到二日游景区。它与其他旅游资源的相互整合，可以极大地带动地区旅游业的发展，因而受到市委市政府的重视和支持。作为一个新兴的业态，在目前江西行进式实景演出供给不足的情况下，龙虎山景区在营业收入和成本支出基本可以平衡的前提下可以考虑投资《寻梦龙虎山》实景演出这个项目。

4.威胁分析

（1）同行业的威胁

现状表明，近几年实景演出投资出现上升趋势，甚至出现了投资过热的势头。"省内第一""国内一流""世界知名"的宣传口号比比皆是，占地面积和投资规模越来越大。全国几百个实景演出项目都在这几年同时营业去争夺有限的消费者，竞争压力之大可想而知。实景演出在观演方式和演出节目形式方面具有可模仿性，高科技的实景演出特别是灯光效果很容易被其他项目仿制走。因而一个实景演出项目想要在残酷的竞争环境下生存，就必须要加强实景演出的创意设计和文化灵魂属性的不可替代性。

（2）可替代产品的威胁

实景演出作为一种文化演艺演出很容易被其他创意文化产品取代。此外还有剧场版演出以及其他文化演出产品的竞争也是实景演出项目所不能忽视的潜在威胁。

（3）同质化威胁

实景演出项目作为文化类演艺项目，对非同质化要求极高。这是任何一个实景演出都不能忽视的重要问题。之所以有演出同质化威胁，是因为实景演出一旦出现演出同质问题，很可能导致演出项目经营不下去。

（4）天灾和经济萧条威胁

实景演出这样的旅游产品和旅游资源，其消费弹性指数高。不可避免地要受到天灾（比如疫情）和经济下行状况的影响。实景演出在天灾和经济萧条时，最容易直接受到冲击。

手记4.
网红景点如何打造

随着居民收入的提高和消费模式的升级，游客有更多的个性化旅游需求，尤其是短视频和社交平台等新媒体的兴起，让不少默默无闻的景点在短时间内迅速被大众所熟知而成为网红景点。青海茶卡盐湖、重庆洪崖洞、武汉水上森林、西安永兴坊……都是网红景点的代表。网红景点也成了旅游界的一种热门现象。

一、网红景点有以下几个特征

（一）好玩

什么样的景点才好玩？每个人都有不同的答案，但是无论如何，都需要很强的参与感和体验感，能够引发游客前往景区的欲望。哪怕不在现场，人们通过视频都能感受到现场的快乐、刺激和惊险。

拿永兴坊摔碗酒来说，它的旧址是唐朝魏征府邸，但让它迅速蹿红于全国的，不是它历史人文景区的身份，而是5元一碗的摔碗酒，里面的酒据说是米酒，并没有多少度数，主要是一种展现民风开放彪悍的形式。

大概中国人都有"大碗喝酒"的情结，而且摔碗酒有一种仪式感，所以在短视频平台上迅速火了起来，永兴坊也成了网红打卡地，不论什么时候来，这里都会有大量游客排队摔碗，甚至能排出一条长龙来。

（二）好看

现在无论是景区的营销，还是其他行业的营销，追求的理想状态就是引发全民的"自传播"效果，也就是让网友主动去传播景区。

很多人都喜欢在朋友圈发一些美美的照片，部分景区就利用了这种心理，打造了一些拍照场景，拍出来的照片360°无死角地好看，发到朋友圈就会有不少人来点赞，这是一种非常简单有效的打造网红景点的方式。所以，一个景区与其苦苦寻求各种突破，不如就在"好看"这一个点上去下功夫，在景区内找找看有没有强烈画面的存在，如果有就去深化，如果没有就去打造。

婺源篁岭就是一个很好的例子。篁岭之所以成为"网红"，和它的"晒秋"不无关系。篁岭紧紧抓住了婺源当地晒秋这一民俗，深度提炼它的文化内涵，从不同层次、不同场地、不同时间对这一文化元素进行提炼，并创作出精美画面持续宣传。比如秋季，篁岭高低错落的徽派古建筑的房顶上摆满了装有红彤彤辣椒或者黄灿灿玉米的圆盘簸箕，画面极具视觉冲击力，形成了世界上独一无二的"晒秋"农俗景观。"晒秋"不限于秋季，春晒茶叶，夏晒山珍，秋晒果蔬，冬晒熏腊，色彩斑斓，延绵有序。"篁岭晒秋"的摄影作品已多次获得国际国内大奖。

现在，"篁岭晒秋"既是江西旅游一张响当当的名片，篁岭也成了每个摄影师心中的摄影胜地，每年都有大量游客前来拍照。当数不清的此类照片在网络上重复被看到时，篁岭就成为"网红"了。

（三）新奇

网红景点的产生是移动互联网发展的必然趋势，也是新一代旅游爱好者的一种偏好体验。

对于"90后"和"00后"新生代们来说，互联网伴随着他们成长，他们热衷于微博、微信、抖音等社交媒体。由于获取知识的方式受到信息碎片化的影响，他们的兴趣比较小众和垂直，喜欢"圈地自萌"。一些传统上被视为亚文化圈中的事物，往往会有一定的概率发展壮大，比如在以往社会生活中属于冷门的二次元文化，现在已经在新生代中被普遍接受，这就是一个例证。此外这类人群对新、奇、特的旅游景点有着天然的好奇心，会自发去发现和放大不少景点的"新玩法"。当一个景点具备足够的新奇感，就能够迅速激起他们的传播动力，从而成为网红景点。

重庆的洪崖洞，这个现代二次造景的景区，就是利用新奇的二次元夜景吸引了大批的游客。据说当初设计师对方案进行了数万次修改，最终成功打造出一个类似日本热门动画电影《千与千寻》般的梦幻世界。因为神似《千与千寻》中汤婆婆的"洗浴中心"，场景具有新奇性和趣味性，因此调动了游客在一定范围内自发主动地为景区进行宣传与推广，让洪崖洞迎来了被更多游客围观的热潮。

就目前来看，打造网红景点是很多景区的一个突破口，面对如此汹涌的一种旅游现象或者说是趋势，不少景区都去积极迎合，打造"网红景点"，并期望得到成功。因为对景区而言，首先网红景点是新奇的创意和体验，这些景区产品不一定要大，投资不一定要多，对景区的资源要求也不高；其次网红景点意味着资本市场的认同、超高的人气以及未来的发展。

二、如何打造网红景点

（一）要有辨识度

现在景区那么多，网红景点要想脱颖而出并成为社会的热点与旅游流量的聚集点，能够让新生代产生共鸣的高辨识度是关键。比如，刺激惊险的玻璃栈道，包括前面说的洪崖洞、篁岭等，这些网红景点在场面上、规模上，都能够呈现出非常高的辨识度，这样等于给这个景区打上了一个视觉标签或者体验标签，能够加深游客的记忆。

所以，想打造网红景点，可以通过具有辨识度、有创意、有特色的产品带来的轰动性效应来实现。有的景区本身就有一些创新旅游产品，它们能够在短时间内吸引人们的注意，并且能够将这种注意力迅速转化为人们的打卡行为，而这种产品就有潜力被打造成网红景点。

（二）要有体验感

旅游说到底是一种体验。为什么4D电影和全息影像很难成为网红项目？因为体验感还不够，游客只是被动地接受。而为什么玻璃栈道能够吸引游客？因为它能够带来不一样的体验感，而且是主动参与的体验。有了体验感之后，游客会觉得自己和景区的联系更加紧密，会觉得这次出行更加有趣，同时也会对这个景点、这个景区有更深的印象。

最典型的例子就是重庆的奥陶纪公园，他们的每一个产品基本上都是按照加强体验感的目的来做的，无论是获得吉尼斯世界纪录的世界最长玻璃悬廊，还是悬崖秋千，从用户尖叫到景区服务，再到人性化的口碑传播，这种无可比拟的参与感和体验感，是建立强黏性的前提。

（三）要有持续性

虽然网红景点能够给景区带来足够多的流量和关注，但是也带来了一些困扰和阻碍。

有一些网红景点，游客去游玩之后发现没有文化、没有内涵，还有部分网红景点走红之后，由于一味注重流量、疏于管理，面临昙花一现的危机。比如有着"天空之镜"之称的青海茶卡盐湖被指变成"垃圾场"；还有南京的"爱情隧道"尽是游人随手扔下的食物、水瓶，为此江宁公安还在微博发图配文，"实力劝退"意欲前往的游客。因此，景区管理者们必须要有长期的规划，只有对场景持续优化和升级，才能保证景区自身的可持续发展。

正所谓"台上一分钟，台下十年功"。网红景点并非一夜爆红，它往往需要前期用心规划，并经过市场的试炼，且网红景点的打造需要景区基础产品和服务的配合。网红景点前期的成功，也只是万里长征第一步，后期还需要把流量变成实实在在的消费。比如可以围绕网红景点开发更多的产品和线路，增强游客的新鲜感；举办相关网红直播节、产品推荐会，利用丰富的活动、精彩的体验项目来增加游客的停留时间，让更多的人参与进来，形成人气二次提升，通过体验性活动的举办，提高景区的转化率，提高旅游目的地的收入水平；等等。

互联网时代有快速迭代的特征，网红景点层出不穷，你方唱罢我登场，这就要求景区管理者更全面地考虑游客的需求，不断调整自身，去适应传播环境的变化，使网红景点能够长盛不衰，更好地发展下去。

手记5.
景区如何打造研学项目

一、市场背景

2016年11月，教育部联合国家发改委、文旅部等十一部门发布了《中小学生综合实践活动课程指导纲要》《关于推进中小学生研学旅行的意见》，《意见》明确指出，要将研学旅行纳入中小学教育教学计划，加强研学旅行基地（营地）建设，并对组织管理、安全责任体系和经费筹措机制进行了详细阐述。研学旅行已经由促进旅游业发展的单一角度，上升到全面提高中小学生素质教育的国家战略高度。

二、市场分析

（一）研学旅行市场规模

2020年以来，每年全国小学在校人数稳定在10000万左右，初中在校人数为4000万左右，普通高中在校人数为2000万左右。相关数据显示：2020年研学旅行和营地教育企业收客对象中，超过80%属于6—16岁人群。未来几年，适龄青少年人口将为研学旅行和营地教育发展带来巨大市场需求，预计2020—2030年，我国中小学人数规模持续稳定，整体规模将会在2020年的基数上上下徘徊。因此景区研学项目在整个"研学市场蛋糕"中将有很大的拓展空间。

（二）国家对研学市场的资金投入

国家每年对教育投入的资金已连续5年超过GDP的4%，2020年中国的GDP已超过100万亿元，即2020年国家对教育的投入超过了4万亿元。国家拨款到各个教育局和学校，学校和教育局有责任和义务在每个学期里给学生提供小学3天、初中5天、高中7天的出校、出市、出省的研学教育。据此推断，景区将在研学市场中大有作为。

三、景区研学项目打造的思路

近年来，国家多部委出台政策扶持学生研学旅行。吸引学生到景区研学旅行既有利于景区人气增长，又有利于学生实地学习，还可助力景区业态健康发展。但景区投资研学项目要统筹布局，既要考虑社会效益又要考虑经济效益，才能保障研学项目可持续发展，具体思路如下：

（一）投资效益最大化，结合现状全盘布局

学校学生研学旅行的旺季在每年学校上课期间的3—5月和9—11月，具有时间局限性，淡旺季原因造成研学旅行客群不足以支撑景区研学业态常态发展。要成功地投资研学项目，前提是要做好研学项目投资效益和商业模式分析，从土地配套、建设和运营补贴、项目补助资金等方面综合考量投资收益，要对景区研学产业配套现状和各种安全设施配套等进行分析，整合好景区相关配套资源，要把握以上各种要素，综合考量投资的可行性，结合现状做好景区研学发展规划并进行全盘布局。

（二）研学旅行基地（营地）建设标准化，定位研学主题方向

做好研学基地（营地）项目，始终坚持高标准、高要求整体布局，首先，要了解国家、省市级的研学基地（营地）建设标准，再根据景区的资源对应国家、省市级的基地（营地）等级标准来建设景区研学基地（营地）项目，按照等级标准建设研学基地（营地）基础配套设施；其次，根据景区资源来定位研学基地（营地）主题方向，打造研学基地（营地）主

题鲜明的研学旅行产品。对打造好的研学基地（营地）按等级对应申报国家和省市级研学基地（营地）资质。

（三）培训优秀研学旅行指导师队伍，开发出优质课程内容

研学旅行活动是一项周密、严谨、细致的服务工作，要有很强的指导师团队和独具特色的课程内容。所以，要把研学旅行工作开展好，景区须配备自己的核心指导师团队和合作的兼职指导师团队。景区要加强研学旅行指导师的培训。景区研学旅行实践活动推行，景区基地（营地）和第三方运营商对指导师的需求都非常大，研学旅行初期的研学指导师各地多是以导游和军事教官为主，严格来讲只是权宜之计，因为合格的研学指导师既要具备教师的素养，又要具备导游的基本技能，要求很高，是两者兼备的新型职业。一个好的研学课程方案必须靠专业的研学旅行指导师执行好，才能达到好的活动效果，就像美的景点要靠导游讲解好一样，"景点美不美，全靠导游一张嘴"。因此，对研学旅行指导师的培训是景区执行好课程的关键一环。

景区要有自己的课程体系。首先，研学旅行是由教育主管部门或学校统一组织安排，利用上课期间走出校门，以集体旅行、集中食宿的方式进行研学性学习和教育体验。研学旅行具有教育性、实践性、安全性、公益性这四大特性。可分为六大主题教育体系：爱国主义教育体系、传统文化教育体系、自然科普教育体系、生命科学教育体系、劳动实践教育体系、国防主题教育体系。因此，景区应该针对自身的特点，研发具有景区特色的研学旅行课程。做好特色主题教育1+N的课程模式，使中小学生在景区的研学旅行活动中能立德、增智、强体、育美、勤劳。真正使研学活动与教育方针相结合，做到五育并举。根据不同年龄段的特点，设计符合他们的体验课程，才能让同一位同学在不同年龄段体验同一景点的不同课程，景区研学课程才具有强大的生命力。其次，课程设计根据主题方向，结合市场研学机构的需求和高、初、小学生的教学大纲，由研学课程设计团队

来量身定制丰富多样的研学课程及实施细则。课程设计要凸显景区资源优势，要有很强的教育实践性和知识性。课程设计要注重体验性，不能将学生从校园课堂带进另外的课堂中，而是要更多地设计出趣味性、体验性强的活动内容，让他们在游中学、学中游，做到知行合一。课程要强化安全性，研学旅行实践活动安全第一，安全保障是开展研学活动的前提，因此，景区在课程设计时要对课程内容的安全性做评估，尽量以资源性景观体验活动为主，减少大量资金投入。注重课程体系的设计和服务，尽量轻资产、重运营。通过课程的优势对学校、教育机构、旅行社等进行宣传推广，并邀请他们来考察体验。对每次组织的研学团队，每200—300人配置一个3人以上的工作小组，负责统筹每组的接待服务工作。

（四）拓展成人团建业务，助力研学项目发展

为经营好研学基地（营地）项目，在开展研学业务的同时需要拓展成人团建培训业务。研学和培训业务各环节服务性比较强，从市场客源招揽到落地实践需要的景点场地管理团队和执行操作的指导师团队等，需要紧密地合作才能完成好，所以需要由开展研学工作的部门来统筹运营管理，才能保障研学和培训工作顺利开展。做好成人团建培训，需要有礼仪、国学、茶道、团体拓展等多元化的培训科目。

手记6.
山岳型景区如何淡季不淡

　　国内山岳型景区普遍淡旺季突出，产品的优势和劣势明显，比如华东六省山岳型景区春秋季节景色秀丽、气候宜人，春季踏青赏景，游人摩肩接踵，秋季赏花郊游，游人如织，夏季炎热、冬季寒冷，游人不多，三三两两。如何让山岳型景区淡季不淡成为各个山岳型景区面临的难题。山岳型景区多年来不断探索实践，也闯出了不少路子。总结起来看，景区要实现淡季不淡，要做好"旅游+""+旅游"双轮驱动全时全域旅游发展的文章。比如黄山和张家界景区是典型的山岳型旅游景区，黄山主景区黄山风景名胜区和张家界主景区武陵源近十年来购票人数大概都稳定在350万左右，而黄山和张家界景区全域的旅游人数却在1000多万人。黄山和张家界景区的业态发展就注重了"旅游+""+旅游"双轮驱动全时全域旅游发展，春秋两季开发了丰富多彩的景观，夏季开发了漂流亲水项目，冬季开发了温泉、冰雪项目，还有乡村文化项目。黄山景区春秋时节主景区看奇、险、秀、美的自然风光，乡村旅游看西递宏村、南屏古村建筑群，冬天泡朱砂温泉，夏天有夹溪河漂流，夜间看徽韵演出、逛屯溪老街。张家界春秋也有主景区武陵源，次景区天门山、大峡谷、九天峰恋，三级景区黄龙洞，夜间看魅力湘西、千古情、天门狐仙演出，逛溪布街、土家风情园，冬有万福温泉，夏冬季有华中最大室内滑雪场，马儿山、禾田居山谷、琵琶洲各种业态全时全域组合。黄山和张家界主景区旅游人数只占景区全域旅游人数的40%左右，其他全时全域旅游产品占60%左右。从这两个景区淡季不淡的发展经验看，山岳型景区要做到淡季不淡，旅游产品开发不能光盯住主景区这一块，而要做好"旅游+""+旅游"双轮驱动全时全域旅游发展。要做好山岳型景区"旅游+""+旅游"双轮驱动全时全域旅游发展的文章，从产品开发的角度有以下两方面建议。

一、景区要做好"旅游+"全时旅游的文章

一般来说一年四季中，春秋两季是山岳型景区的旺季，冬夏两季是淡季，寒冷和炎烈会降低游客的出游欲望，要想消除烈日和寒冷的因素，使景区有人气有客流，景区就要做好"旅游+"全时旅游的文章。

（一）景区夏季要做水和高山避暑的文章

俗话说大山大水，山岳型景区大多数有河流或者溪流，因此夏季亲水项目由需而生，如河上竹筏漂流、溪流皮艇漂流、浅水湾泼水狂欢等项目产品，实在无水的景区也可以打造水上乐园弥补夏季产品的不足。

海拔高的景区夏季避暑产品也很受欢迎，比如重庆武隆仙女山旅游景区、庐山景区等都是夏季避暑胜地。有的景区打造室内冰雪项目，也是夏季避暑好去处。

（二）景区冬季要做温泉、滑雪的文章

根据景区资源优势的不同，景区可以勘探温泉资源，没有温泉资源的景区可以研发中药药泉养生产品等。景区也可以借冬季雪资源建滑雪场，雪资源不丰富的景区可根据气候条件建人工室内滑雪馆。例如黄山朱砂峰下有"朱砂温泉"，明月山有含硒温泉，庐山有滑雪场，张家界有冰雪世界室内滑雪馆，等等。

（三）要做好景区晚上产品的文章

从全时角度看，一段时间以来，景区一般以白天产品为主，晚上产品

比较少。景区要做好全时文章，打造晚上的产品必不可少，需打造具有地域风情特色、演艺文化体验、秀美灯光演出、酒吧餐饮、娱乐、购物、住宿等夜间体验产品，以满足游客和当地居民夜间游览体验的需求。

二、要做好"+旅游"全域旅游的文章

景区所在地的县或有行政管辖权的景区管委会政府各部门和乡村要做好"+旅游"全域旅游文章。随着国家全域旅游发展战略的推进，使县域或有行政管辖权的景区管委会旅游发展摆脱了以单一主景区开发为重点，以观光旅游产品为重心的旅游供给现状，旅游供给形态从原先单一的观光旅游方式逐渐转向观光旅游、休闲旅游、度假旅游、户外运动、研学旅游、技术旅游、自驾旅游等多种旅游形态，与此相对应，旅游空间形态也形成了多样化发展的态势，比如农业、林业、教育、文化、交通、信息、卫生、体育、乡村等部门可以分别在"农业+旅游""林业+旅游""教育+旅游""文化+旅游""交通+旅游""智慧+旅游""乡村+旅游""康养+旅游""体育+旅游"等方面发力，形成度假区、休闲街区、露营区、旅游小镇、体育旅游基地、旅游综合体、旅游购物区、旅游风景道、旅游绿道、低空旅游、自行车道等"+旅游"全域多种空间形态的旅游业态，为大众化旅游需求的满足创造新的可能。各景区政府管理部门应主动将"+旅游"全域旅游作为景区淡季不淡的抓手，为游客提供淡季产品服务，成为景区淡季产品业态丰富的重要组成部分，让游客既可以感受景区旺季产品的丰富多彩，也能体验到淡季产品的别样特色。下面简单介绍五种"+旅游"。

（一）文化+旅游丰富淡季产品

景区文化产品特别是室内文化产品一般不受淡旺季影响，可以助力淡季游客流量，文化产品要朝大众化、显性化、体验化方向打造。首先，通过挖掘和研究，提炼景区文化特色内涵，然后找到特色文化内涵创意创新展现的方式，开发成大众都可以参与的文化产品。其次，可以着力建设一

批彰显景区文化的载体，比如加快推进景区文化特色小镇、文化古镇、文化古村等文化项目建设，让景区文化显性化落地生根。另外景区文化所蕴含的内涵思想，很多都是优秀传统文化的内容，用好文化素材，讲好文化故事，普及文化知识，出一批文化书籍，开发一批文化文创产品，拍摄一批文化影视作品，培训一批文化讲解员，挖掘一批文化美食，形成一条文化精品线路，打造一批文化精品民宿，让文化产品能被体验感受得到。文化产品体验化不仅是提升文化传播力度的重要手段，同时也是推动景区旅游业发展的重要抓手。

（二）乡村+旅游助力淡季产品

乡村在旅游淡季有休闲娱乐的传统文化习俗，充分利用乡村民俗风情文化、农业、林业等资源，打造丰富多彩的沉浸式的体验活动，让游客在乡村从看田吃饭体验到度假旅居，使游客回归到自然生活场景，感受到心中的诗和远方。

1.乡村旅游遇上国家政策红利风口。中央提出全面推进乡村振兴，把解决三农问题作为全党工作的重中之重，支持全国乡村旅游重点村建设。《十四五规划建议》中专门提到"构建现代乡村产业体系，开发休闲农业和加快特色旅游产业发展，推出一批乡村旅游重点村镇和乡村旅游精品线路，完善配套设施"。2021年中央将在乡村旅游方面继续发力，提出全面推进乡村振兴，把解决三农问题作为全党工作的重中之重，支持全国乡村旅游重点村建设。融合第一、二、三产业，助推乡村振兴。随着消费需求的变化，乡村旅游也在持续升级：第一阶段是看田和吃饭的"农家乐"，第二阶段是游玩和放松的"乡村休闲"，第三阶段是民宿和体验的"乡村度假"，第四阶段是居住和生活的"乡村旅居"。乡村旅游正吸引更多年轻人、艺术家走进乡村，让乡村更有活力。

2.针对景区淡季创新方法。在打造小规模、自组织、家庭型小团深度游体验产品和开发乡村研学旅行产品上下功夫。

首先，现在的游客喜欢小规模、定制化、家庭型的团队出行，淡季景区可以围绕景区特色资源来创新打造小规模、自组织、家庭型、个性定制化、户外休闲等小团深度游产品，比如夏季农耕捕鱼、夜晚表演、婚礼风情、冬季美食和纵林穿越等系列开放性户外休闲和个性化定制小团深度游体验产品。

其次，以乡村研学旅行实践教育为切入点，开发四季乡村研学旅行产品吸引学生流量，让学生在旅行中学习文化知识，在劳动中获得实践知识和经验。比如在研学课程中让学生在看山看水中陶冶情操；班级认领菜地，在劳动研学课程中种、采四季蔬菜瓜果，获得劳动体验；住农村自己动手烧菜做饭……形成村村有学生、户户有收益的乡村研学实践场面。

（三）康养+旅游助推淡季产品

老年人成为康养旅游消费生力军，"爸妈康养游"、老年旅行团成了康养旅游市场新热点。全国老龄委调查数据显示，当前老年康养旅游人数已占据旅游总人数的20%以上，送父母去康养旅游也逐渐成为子女尽孝的重要方式。《"健康中国2030"规划纲要》明确提出要突出解决好老年人等重点人群的健康问题，要积极促进健康与养老、健康与旅游、健康与健身休闲相融合，催生健康新产业、健康新业态和健康新模式。老年康养旅游不仅能够满足愉悦身心的需要，还能够促进身心健康，缓解和消除身心疲乏。老年康养旅游不仅仅是看山看水，更要深度休闲，兼顾娱乐健康，景区康养产品恰好适宜老年群体的需求。

景区康养旅游产品的开发不仅有利于提高老年人的幸福感，而且由于老年康养游客群体时间充裕，所以景区可以推出周一至周四的非周末康养产品满足老年康养游客的需求，同时也补充景区周一到周四的客流。

景区要真正做好"老年人康养旅游"市场的开发，首先应该配合旅游部门针对老年康养旅游做供给端改革。创新针对老年人康养旅游的产品体系；增加适合、符合老年人身体特性的个性化的康养旅游产品；增加老年人康养旅游中的康养旅游行程、休闲、保健等附加服务功能；打造适应老年人的兴趣、爱好和追求的休旅生活和文化体验产品；联合旅行社根据老年人的生活特点，在行程、餐饮、住宿等多方面设置适合老年人生活习惯的安排，满足老年人的不同需求，不断提升老年人到景区康养旅游的幸福感。

（四）林业+旅游丰富淡季业态

充分利用景区乡村丰富的山地林竹生态资源发展森林旅游，大力开发森林浴、登山览胜、天然氧吧、中医药疗养康复、竹林疗养等生态养生体验产品，以及避暑度假养生和生态夏令营项目，鼓励开发森林度假、中医药健康旅游主题游线，打造具有乡村文化特色的山地森林健康旅游业态。

依托"乡村彩色森林工程"，丰富红枫、乌桕等秋季红叶树种，完善观景平台、徒步道路、旅游公厕、游憩亭椅等配套设施，精心打造彩林康复型森林疗养社区，即以"五觉共鸣"为理念，借助彩林凝视及多感官体验设计，帮助人们重新认识人与自然的关系并建立连接，进一步激发并提升触觉、平衡觉、运动觉、温暖觉、生命觉等各种感知体验，从而起到感官康复作用。充分挖掘香榧、红豆杉等适种名优树种的植物精气作用，推出精气养生产品。建设森林木屋、精品民宿，开辟森林浴场，在林中设置小型健身场地、吊床等，为游客提供适宜开展森林浴的环境，在森林浴中进行登山观景、林中逍遥、荫下漫步、郊游野餐等深度体验森林环境的活动。完善生态标识系统以形成布局结构合理，主题有特色、有文化、有差异的休闲度假产品业态。

（五）智慧+旅游赋能淡季产品

1.组建景区信息和融媒体中心。依靠科技赋能加强景区信息化，使景区信息化由数字和互联网阶段向智能化阶段发展，整合景区媒体资源，巩固壮大主流思想舆论。规划设计和建设管理景区信息化阵地，融合传统媒体和新媒体、打造新型媒体宣传矩阵、协同景区平面媒体宣传，实现景区信息传播多渠道全覆盖。

2.推动景区智慧旅游数字化和网络化向智能化发展。从注重"面子"向注重"里子"转变。要解决资源再现以提供体验式场景或沉浸式场景，形成不受季节影响的VR、云旅游等技术体验产品，优化供求匹配机制以提升交易效率，沉淀用户数据以精准推送和生产。

3.利用融媒体手段加强景区淡季产品品牌宣传力度。打响景区淡季产品品牌。抓住微信、微博、短视频等社交媒体的电子商务化进程，加大景区文化和山水资源淡季内容创意策划生产的力度，打造自带流量的淡季网红产品，让景区淡季产品品牌搭上这些平台入口流量效应的旅游价值空间开发和释放的快车，解决景区淡季产品品牌从内容生产到商业价值生产的有效转化。把景区淡季产品品牌宣传流量转化为销量，让淡季产品品牌内容实现客流转化价值。

手记7.
景区产品项目开发建设步骤

景区的产品项目（以下简称项目）需要根据景区资源、环境、政策、投资商实力、市场、交通变化等各因素分步骤进行开发建设。景区项目开发建设在思路上一定要遵循先进行项目策划，再编制规划的顺序，而非先规划后策划，这样可以防止项目建设反复，效率低下。项目实际开发建设有立项、规划、施工、推广运营等具体步骤。

一、景区项目立项

景区项目开发的第一步是要聘请专业的旅游策划和规划公司写可行性研究报告。可行性研究报告很重要。

（一）准备项目申报材料

一般的立项申请，撰写好可行性研究报告后提交给相关部门即可。但大一点的项目申报需要准备不少的材料，具体如下：

1.项目单位提出的申请核准文件。由具有相应资质的工程咨询机构编制的项目申请报告文本。

2.县或者景区管委会下属企业投资项目由所在地县或者景区管委会政府投资主管部门提出的初审意见。

3.自然资源部门出具的项目用地预审意见。

4.环境保护部门出具的项目环境影响评价审批意见。

5.招标事项核准申报表。

6.节能评估。

7.法律、法规或规章规定的其他有关材料。

（二）向相关部门提出申请

主题公园类特大型景区项目由国务院核准，其余项目由省政府投资主管部门核准。

旅游景区含国家级风景名胜区、国家自然保护区、全国重点文物保护单位区域内总投资5000万元及以上的旅游开发和资源保护项目，世界自然和文化遗产保护区内总投资3000万元及以上的项目，由省政府投资主管部门核准。其余项目由项目所在地的市或县政府投资主管部门核准。

二、景区规划

立项和规划是分不开的，规划是整个项目的灵魂，它保证了前期的立项，指导了后期施工，规划包含以下内容：

（一）项目建议书

景区项目建议书包括技术部分以及商务部分，技术部分将项目发展思路理顺并进行概括表述，对产品服务进行确定，对技术深度做出说明；商务部分包括报价、项目执行时间阶段、具体合作方式的确定。是由旅游规划专业团队进行项目讨论，梳理分析实地考察资料，提出概括性的项目建议材料。项目建议书是非必需文件。

（二）概念性规划

概规有四项内容以及图件。

1.对旅游规划区域的资源和客源市场进行分析和预测。

2.确定旅游规划区的定位、发展方向和发展战略。

3.明确旅游产品的开发方向、特色和主要内容。

4.提出旅游规划区旅游发展的重点项目，强调策划的创新、个性和特色；提出相关要素发展的原则和方法等。

图件有旅游规划区综合现状图、旅游客源市场分析图、总体规划图、功能分区图等。如果是空间范围较小的规划区，还要求近期的建设规划图或者是效果图。

概规不一定要上规划委员会，仅是帮助投资方与政府方决策项目和推进项目的规划。概规介于发展规划和建设规划之间，它更不受现实条件的约束，而比较倾向于勾勒景区在最佳状态下能达到的理想蓝图。

（三）旅游总体规划

旅游总体规划又称旅游综合规划，简称"总规"，是在旅游资源调查评价的基础上，根据国家的方针政策和国民经济发展的需要，综合分析旅游区资源特点和社会经济技术条件，提出旅游景区发展战略；确定旅游景区的性质；划定旅游区和风景区的范围及外围保护地带；划分景区和其他功能区；制定保护和开发利用风景名胜资源的措施；确定旅游景区的接待容量和游览活动的组织管理措施；对风景区的总体布局、绿化、交通、水电、旅游服务设施进行统筹安排、全面规划；进行总体投资预算和效益分析；进行环境经济及社会影响评价分析。它也包括某些专题规划的内容，如旅游资源调查、评价和开发，客源市场调查、分析和规划，旅游线路设计和规划等。

（四）控制性详细规划

《城市规划编制办法》第二十二条至第二十四条的规定，根据城乡规划的深化和管理需要，一般应编制控制性详细规划，以控制建设用地性质，使用强度和空间环境，作为城乡规划建设主管部门作出规划行政许可、实施规划管理的依据，并指导修建性详细规划的编制。景区所在地城乡规划部门根据县或景区管委会总体规划的要求，组织编制县或景区管委会的控制性详细规划，对规划范围内土地的用地性质、使用强度、建筑高度、建筑体量、建筑风格等进行控制。

（五）修建性详细规划

满足上一层次规划的要求，直接对建设项目做出具体的安排和规划设计，并为下一层次建筑、园林和市政工程设计提供依据。对于当前要进行建设的景区项目，要编制修建性详细规划，用以指导各项建筑和工程设施的设计和施工，修规内容有七项。

1.建设条件分析及综合技术经济论证。

2.建筑、道路和绿地等的空间布局和景观规划设计，布置总平面图。

3.对住宅、医院、学校和托幼等建筑进行日照分析。

4.根据交通影响分析，提出交通组织方案和设计。

5.市政工程管线规划设计和管线综合。

6.竖向规划设计

7.估算工程量、拆迁量和总造价，分析投资效益。

（六）项目审批与规划编制

项目审批与规划编制同等重要，建设项目在符合城乡或风景名胜区总体规划，或者国土空间规划的前提下，先期进行建设项目选址审批，城乡规划区内的建设项目选址报同级城乡规划主管部门和自然资源主管部门审批，在国家级风景名胜区但不在城乡规划区的建设项目，由风景名胜区管理机构按照管理权限，依据规划进行批复后报上级主管部门备案，一级公路、高速公路、索道、缆车、垂直交通等重大项目须报风景名胜区主管部门省林业和草原局予以审批。

三、项目施工规划

施工规划以整体高度和方向为主，施工要招标好的施工单位，这样手续及落地会更加便利，严把验收关保证质量。

四、项目建成成为产品的推广运营

项目产品推广方面在营销篇会做详细阐述；运营方面在管理篇会做详细阐述。景区产品项目开发的最后一步就是面向市场，接受市场的检验，并根据市场反馈进行优化和调整。只有经过市场检验并存活下来的项目产品才是好的项目产品，才能让游客口口相传，形成好口碑，并成为品质优、品牌好的项目产品，最终让景区项目产品发挥出明显的社会效应与经济效益。

手记8.
景区策划人才要具备哪些能力

一名合格的旅游景区策划人才，要有多方面的综合能力，主要体现在以下几个方面。

一、要有全局观

在全域旅游兴起的今天，一个合格的景区的标准不仅仅是能够吸引游客"到此一游"，更重要的是能够带动周边的经济发展，实现产业升级，带动当地百姓脱贫致富，这些都是可以通过策划来实现的。所以在策划之前，需要对景区资源有着深刻的认识、评价和把握，这是旅游策划的基础，而且要对景区产品体系了然于胸，深挖并放大其价值。

二、要有卓越的创新思维能力

在旅游过程中，游客对于"新、奇、怪"的景区或者景点普遍没有抵抗力，越是新奇刺激的东西，就越能激发他们的消费欲望。因此，对于景区策划来说，创新是最重要的因素，是景区项目的卖点，也是景区的生命线，好的策划能够将整个景区盘活。

从这个层面上来看，创意是景区策划的核心和灵魂所在，从事景区策划工作，创造性思维是最基本的要求。想要拥有创造性思维，一方面，景区策划人在平时的工作中要保持好奇心，对于任何事物都能产生奇思妙想；另一方面，可以向其他行业取经，旅游策划是一项综合性工程，涉及的知识面很广，包括政治、经济、地理、历史等，甚至还有工业和农业，知识面越广，视野和格局也就越大，最终策划出来的项目无论是创新程度还是行业高度都会提升一个新的台阶。

三、要有良好的组织协调能力

我们前面说了，景区策划是一个整合的行为，是一个系统性的工程，需要将现有的资源最大化利用，甚至还会涉及周边资源的协调。通过协调资源，结合旅游市场的相关要素，进而设计出能够解决实际问题的可行性方案和计划。所以，在景区策划的过程中，无论是景区产品策划，还是景区形象策划，或者是景区营销策划，都会涉及不同的部门，这就要求景区策划人要具备良好的组织协调能力，能够在不同的获利主体间进行沟通，并通过精心组织、合理安排来平衡各方利益，使策划工作积极稳妥地进行下去。

四、要有政策敏感度和市场敏感度

景区策划和政策息息相关，在景区策划过程中，对政策的了解和把握程度，有时会决定一个景区的生死，所以对现有政策的解读以及对未来政策的预测，也是景区策划人的一项必备能力。景区策划人在工作过程中一定要研究国家政策，做到与时代一致，和社会同步。此外还要具备市场敏感度，要充分尊重市场经济的运行规律，全面掌握旅游行业的发展动态，准确把握市场机遇，打造具有市场竞争力的景区产品，实现景区的商业价值。

五、要懂游客的消费心理

很多景区之前都依靠"门票经济"，实际上就是一锤子买卖，但是放到现在却行不通了，所以我们看到，现在景区开始降低门票价格，通过二消产品来提升景区整体收入。

为什么要这么做？因为游客的消费心理是占了便宜才兴奋，吃了亏就很不爽。门票价格太高会让游客产生一个很高的心理预期，一旦没有达到这个预期，他们就会觉得很亏。你让游客吃了亏，他们还会给你在朋友圈、亲人圈里正面传播吗？

失去了口碑传播的渠道，景区对那些潜在游客还有吸引力吗？说得再严重点儿，他们不给景区带来负面的口碑效应都算是好的，万一再发一两条负面评价，对于景区的伤害就更大了。所以，策划一定要抓住游客的心理，从让他们给景区传播好口碑这一角度出发，去占领游客的心智资源。

六、要有深厚的文化功底和写作能力

景区的竞争最终是文化的竞争，挖掘、提炼并激活景区的文化元素，对于景区的长远发展至关重要。因此，景区策划人要有深厚的文化功底，并能活学活用，使文化成为景区最具价值的生命力和竞争力。而好的写作能力则能让景区的优势更为直观地展现出来，尤其是在传播过程中，能起到锦上添花的作用。因此，景区策划人才必须重视和培养自己的文案写作能力，通过不断学习和反复实践，提高自己的文字表达功力和文案写作水平。

七、要有一定的图件处理能力

在景区策划过程中，策划人会接触到区位分析图、旅游资源分析图、客源市场分析图、道路交通图、功能分区图、建设规划图等一系列图片文件。此外在经营服务过程中，也会用到一些基本图件，如导游图、广告宣传图、管理规划图等。因此，作为景区策划人员，要具备一定的图件处理能力，除了能够在策划过程中完成地图符号系统的设计之外，还要能够对一些重要的影像资料进行处理，从而为策划成果在视觉上提供更为直观的信息。

综合上面的信息可以看出来，景区策划人员需要具备很高的综合素

质，不但要有灵活的头脑、令人耳目一新的创意，还需要写作、图件处理等基础能力，更要具有地产、农业、商业、生态、旅游、文化、娱乐、活动、品牌、营销等方面的综合知识，能够进行创造性劳动，提供宏观战略服务和落地战术。可以说，没有五到十年的景区策划实战经验，基本上很难策划出来优秀的项目。

手记9.
如何打造和选择策划团队

之前听说过一个关于团队的故事，大概是说两个人在一个荒凉的地方迷了路，身上的干粮都吃光了，就在快要饿死的时候，出现了一位神仙。

神仙给了其中一人一条鱼，给了另外那个人一副钓鱼的工具。拿到鱼的那个人三下五除二就把鱼吃了，而拿到钓鱼工具的人开始四处寻找能够钓鱼的地方。没过几天，拿到鱼的那个人就饿死了，拿到钓鱼工具的那个人没有找到钓鱼的地方，也饿死了。

后来又有两个人来到这个荒凉的地方，在干粮吃完后同样遇到了那位神仙，同样是一个人得到了鱼，另一个人得到了钓鱼的工具。但不同的是，这两个人商量之后，决定先用那条鱼维持生命，同时一起去寻找能钓鱼的地方，最后两个人都活了下来。

这个故事也许没有那么深的哲理，却能够让人明白团队协作的重要性。

现代社会中，很少有事情能够以一己之力完成，这就需要一个团队。这个团队犹如一艘在大海中航行的大船，不但要有船长、大副等在船头指挥，还要有船员协同配合。在这艘船上，每一个人都发挥着重要的作用，大家齐心协力，才能劈波斩浪，奋勇前行。

在景区策划团队中，需要有多方面的人才，有人擅长管理，有人擅长创意，有人擅长设计，有人擅长文案，等等。总之，这个团队要能够涵盖景区策划中的种种事物，而且每个人都要有自己擅长的领域。当然，也有人一专多能，但是只有团队成员优势互补，才能保质保量完成景区策划。

一个好的团队除了要聚齐各类人才之外，还需要进行成员之间的磨合，就像一台高速运转的机器一样，每个人在发挥自己作用的同时，还需要和其他人一起，成为一个整体，做到相互协作。

团队之间需要注意以下几点：

一、信任

信任是景区策划团队团结的基础，也是开展所有策划工作的起点。团队之间的关系建立在信任这一核心上，一个相互信任的团队会提供一种安全感，而一个不能相互信任的景区策划团队严格来说就不算是一个团队，它更像一群个体在各自工作。

所以我个人认为，在景区策划团队中，领导不要轻易画大饼，要说到做到，如果做不到就不要轻易承诺。团队成员之间必须杜绝欺骗，不要抱怨，有问题及时沟通，开诚布公，只有这样，团队的凝聚力才会形成。

二、合作

不管团队中的人有多能干，如果不能顺利合作，可能永远都发挥不出全部潜能，正所谓"三个臭皮匠赛过诸葛亮"。前面也说到了，景区策划团队中有各种各样的人才，团队之间的合作能够克服个人能力的不足，取长补短，发掘每一个人的不同优势，让每个团队成员都在合适的位置上发挥最大能力。可以说，一个景区策划团队合作的程度，决定了团队的高度。

三、沟通

团队工作是需要大家一起配合才能完成的，只有良好的沟通才能统一工作的方向，如果景区策划过程中出现推进不下去的情况，那大概率是策划团队的沟通出现了问题。团队之间的沟通决定工作的效率，沟通不畅就会导致效率降低。沟通不畅主要表现为团队领导独断专行，缺乏自我检讨，团队成员不清楚沟通的目标，等等。因此采取一些有效的沟通手段是提高团队工作执行力的途径之一。

四、忠诚

中国人自古讲究"忠"和"义"，忠诚是中华民族的传统美德。对于景区策划团队来说，只有忠诚于团队的员工，才是一个好员工。员工的忠诚度并非一蹴而就，而是在和团队共同合作的过程中逐渐提升起来的，而且这种忠诚也不是靠什么规章制度来约束的，它是由管理者的魅力、团队的关爱，还有合理的薪资待遇等来稳固的。团队对员工以诚相待，员工自然会用忠诚来回报。

五、责任

中国有句古话叫"法不责众"，再加上人都有趋利避害的本能，所以一个团队在出现错误之后，很少有人会主动出来担责。其实对于景区策划团队来说，团队的荣辱关系到每一个个体，荣誉中有你的一分力量，错误中也有你的一分失误。当然，最重要的还是要建立一套完善的追责制度，对成员形成约束，让整个策划团队齐心协力，成为一个强有力的整体。

上面说到的是如何打造一个景区策划团队。有些时候，景区策划不可能事必躬亲，所有的工作都由自己的团队去做，而是会有选择地把工作进行外包，找一些专业的公司做专业的事情。

比如线下活动，一些较大投入的灯光音响等设备购置成本较高，如果因为一场活动去采购一套音响，从预算层面来说完全没必要。这时候就可以去寻找一些专业的设备公司或者线下执行公司，他们不仅能提供设备，还会配备专业的操作人员保障活动顺利执行。还有一些专业的传播公司，他们无论是创意还是媒体资源采购都有优势，这时候就可以和他们进行长期合作，成为一个联合团队，这样不但能够降低预算，还能提升效果，一举两得。

手记10 ·
如何找到运营景区产品的人才和团队

　　景区产品建成之后，并不像有些人想的那样，躺着收钱就行了。实际上，这才刚刚开始，后续的一系列运营管理对人才的依赖性太大了。人是一切管理的核心，景区所有的工作都需要人去完成。景区产品运营的关键因素之一是人才，如何寻找景区运营的人才，下面提供三个常用方案。

一、寻找有专业团队的公司合作，成立合资公司

　　通过双方共同成立景区运营管理公司这种方式，共同经营管理旅游景区，来实现长期的稳定性合作，期间不断通过调整业务结构、创新经营模式、掌控相关资源、确立竞争优势、提升核心竞争能力，实现企业可持续发展。

　　比如中青旅和乌镇之间的合作就是这样。

　　中青旅于2006年12月24日正式公告，宣布以3.55亿元对乌镇旅游开发公司实施增资控股。2007年年初，中青旅收购浙江乌镇古镇旅游公司60%股份。2009年7月1日，乌镇旅游引入战略投资者风险投资公司IDG。增资完成后，中青旅持股51%。乌镇旅游股份有限公司是中青旅、桐乡市政府、IDG三方共同持股的大型旅游集团，主营景区、酒店、房产、旅游纪念品和旅行社等。公司成立后的十年间，以"睿智超越"的企业精神致力于乌镇古镇的保护与旅游开发，将乌镇景区打造成中国乃至世界范围内的知名景区

品牌。年接待中外游客350余万人次，并保持十年稳步增长。

二、委托专业团队托管

景区托管业务并不新鲜，在我国旅游行业已经发展多年，主要有两种形式：一种是由景区托管公司（机构）派出数人组成专业的管理团队，到受托的景区全程、全面提供"保姆式"日常运营管理服务；还有一种是部分托管，比如针对景区内某个经营项目的托管、营销托管等。现在很多营销托管公司派团队来，景区负责团队的工资发放，然后双方协议约定来年增收部分的分成办法。

福建"侠天下"景区和福州新蓝海公司之间就是这么一种模式。

"侠天下"景区是全国首创的侠文化山水体验景区，国家4A级旅游区，旅游区占地8800亩，项目计划投资约8亿元。景区由江湖、侠谷、绿林、市井4个景区，精品酒店、江湖客栈、高端度假3个酒店和平湖竹筏景交枢纽组合而成，实现了侠文化与高峡湖泊的完美融合，打造出了现实版的"侠客空间"，是集观光旅游、休闲度假、互动体验为一体的综合型旅游目的地。

"侠天下"景区产品足够亮眼，但是在运营方面没有经验，于是就找来了福州新蓝海公司做代运营，开业4个月成功申报4A级景区，开业8个月跃升福建最热门景区，在实施限量管理的情况下单日游客量曾破万。

三、招聘职业经理人，培养内部人才

这点分为对外和对内两方面，景区对外招聘职业经理人，对内应该加强自有员工的培训，从内部挖掘人才，实现景区管理的自我满足，相比成立合伙公司和托管，这是一个长期的过程。

目前有不少景区采用这种模式，这种模式的好处在于，景区能够通过职业经理人迅速建立起一支能打硬仗的景区运营团队，顺利开展工作；而缺点就在于市场上职业经理人良莠不齐，而那些优秀的职业经理人，不少景区都求之不得，显得非常稀缺。

需要说明的是，虽然景区运营管理这个工作有一些规律可循，但是由于每个景区都不一样，其运营管理项目也都是有差异的，所以景区运营管理人才就需要对症下药。总之，将来景区能不能在行业中立足，能不能顺利通过市场检验，就看运营人才够不够可靠了。

案例1.

无锡灵山的"从无到有"之路

　　无锡市灵山景区坐落于风光秀丽的太湖之滨，是中国最为完整、也是唯一集中展示佛祖释迦牟尼成就的佛教文化主题景区。整个景区占地面积约30公顷，由小灵山、祥符禅寺、灵山大佛、天下第一掌、百子戏弥勒、佛教文化博览馆、万佛殿等景点组成，集湖光山色、园林广场、佛教文化、历史知识于一体。

　　作为景区，灵山无疑是公认的中国一线景区；而在旅游行业，无锡灵山集团更是无人不晓，灵山集团一直以来都是凭空打造知名景区的典范。虽然灵山集团是一家国资企业，可以获得政府的各种支持，但是难得的是，灵山集团摆脱了许多国企的僵化通病，一直走在景区创新的前列，从1997年打造灵山大佛开始，其四期核心产品（灵山大佛、九龙灌浴、灵山梵宫、拈花湾），个个都是经典。

　　我们回顾灵山"从无到有"的过程，也许能够给景区产品策划带来不少启发。

　　灵山的起点特别低，几乎可以忽略不计。灵山原名叫马山，当年就是一片人迹罕至的荒山野岭，没有名山大川，没有一流自然资源，灵山人当年曾这样评价："马山有山有水，但远非名山胜水；有些文保遗迹，但文物价值有限；有宗教文化遗存，但只剩残垣断壁。"在这样的条件下想要获得成功，只有一条路：打造一流的精品。

首先，给灵山一个定位，树立灵山的权威性。灵山的历史可追溯到1000多年前的唐代。相传，玄奘西天取经归来，游历东南到此，来到小灵山，见"层峦丛翠"，景色非凡，大为赞赏，曰"无殊西竺国灵鹫之胜也"，于是就给此山起名小灵山。在此之前，中国有四大佛教名山，五台山、峨眉山、九华山、普陀山，既然传说玄奘称赞此处山川秀美，如同灵山，就称之为小灵山；有灵山这个名字做宣传，大佛理应叫灵山大佛；灵山代表神圣与权威，小灵山也"顺理成章"地成为"中国五大佛教名山"之一。

其次，就是要策划爆品。灵山集团斥巨资建造当时的世界第一大佛——88米高的青铜佛祖立像。这座佛像有三十多层楼那么高，比"山是一尊佛，佛是一座山"的四川乐山大佛还要高出17米，是当时我国最高的佛像。灵山大佛建成后轰动一时，短时间内就和乐山大佛、云冈大佛、龙门大佛、天坛大佛这些人类文明的历史巨作齐名，成为中华大地五方五佛格局的圆满之作。

在灵山大佛建成后，灵山景区1998年入园人数立刻攀上160万大关，超过了很多知名的佛教景区。在此基础上，2003年，含大照壁、五明桥、门楼、佛足坛、五智门、菩提大道、九龙灌浴、降魔、阿育王柱等景点的灵山二期建设完成，核心项目为九龙灌浴。2008年11月又建成大名鼎鼎的"梵宫"。梵宫总建筑面积达7万余平方米，由圣坛（佛教表演剧场）、廊厅（佛教展示馆），以及佛教餐饮和会议中心组成，刚刚建成就承办了世界佛教论坛，并成为永久会址。

再次，就是聚焦产业。目前，绝大部分旅游企业发展的最大瓶颈，说到底就是产业升级问题。作为景区，灵山无疑是公认的中国一线景区；但是从商业角度来看，灵山前期并没有赚到太多钱。为了打破这一局面，灵山开始筹划一个新的变现项目：拈花湾。

"拈花湾"的命名，既源于灵山法会上佛祖拈花而迦叶微笑的经典故事"拈花一笑"，也缘于它所在的地块形似五叶莲花。小镇整体建筑风格虽然与日本奈良相似，但其实是源自唐朝时期的建筑结构，融入了中国江南小镇特有的水系，打造出一种独有的建筑风格，使得整个小镇沉浸在美轮美奂的意境中。

拈花湾所要打造的是一个自然、人文、生活方式相融合的旅游度假目的地，追求一种带给身、心、灵独特体验的人文关怀，让人们体验无处不在的禅意生活，从而开创"心灵度假"的休闲旅游新模式。2019年10月，拈花湾禅意小镇入选首届"小镇美学榜样"名单。

拈花湾的出现，使灵山从一个单纯的观光景区，蜕变为度假胜地，赋予景区更完善的休闲功能，大大提高游客的游览时间、过夜率和附加消费。

从策划的角度来看，灵山无疑是成功的，灵山的模式是无法复制的。不过从灵山的案例，我们可以得到很多启示，比如要不断创新，要有领先的眼光，并且要重视策划和创意的投入，只有这样才能打造吸引眼球的爆品。此外，做景区也需要有匠人精神。灵山在设计梵宫的时候请国内最顶尖的设计公司做了数十个方案。拈花湾从策划、设计到完工也经历五年之久，一片瓦、一丛苔藓、一堵土墙、一块石头、一排竹篱笆、一个茅草屋顶都是经过了数十种备选方案精心选择和严苛的户外测试的，直到开工前依然在修改设计方案。

所有景区的成功都不是偶然，都是各方面的因素共同作用的结果，而我们只有从成功的景区中汲取经验，才能少走弯路，才会有机会策划出更好的景区产品。

案例2.
《寻梦龙虎山》诞生记

作为衡量一个景区旅游竞争力和吸引力的重要指标，游客停留时间的长短越来越重要，停留时间长意味着消费可能性大，因此，不少景区都想尽一切办法留住游客。其中，夜间旅游项目发挥着越来越重要的作用，尤其是随着文旅产业融合逐步深入，如何掘金"夜游经济"成为业界关注的焦点。而一直以来，相比于其他景区，龙虎山游客过夜率偏低，在这样的背景下，《寻梦龙虎山》的建设被提上了日程。

《寻梦龙虎山》是由北京阳光媒体集团成员企业北京阳光新瑞文化发展有限公司联手江西龙虎山旅游文化发展（集团）有限公司耗时两年精心打造的大型山水实景演出剧目。主创包括阳光媒体集团董事长、知名主持人杨澜，著名编导、2008年北京奥运会开幕式副总导演、2014年南京青奥会总导演、东方歌舞团团长陈维亚等。全剧分为"序·入梦""生之逍遥""山水之逍遥""心之逍遥""尾声·出梦"五篇，紧扣"神仙地，逍遥游"这一主题，着重展现"千古名岳，道都仙山"的仙境风光，突出表现龙虎山丹山碧水的旖旎风光。其中，源远流长、博大精深的道教文化，春秋战国时期古越民族留下的千古之谜，都作为素材和故事线索进入剧情中。

总结起来，《寻梦龙虎山》有六大亮点。

一、创新演出形式

《寻梦龙虎山》首创国内"行进式"观演方式,第一次做到了真正意义上的山水实景演出,彻底颠覆了传统舞台的演出模式,从视、听、触、嗅、味、感等六个方面入手,让观众自踏入演出区域开始,就全身心地融入其中,很难分辨出真实与虚幻。可以说这是《寻梦龙虎山》注重观众感官体验的一个表现,便于人们更好地与山水对话。观众可以在观赏过程中身临其境地感受"仙境"。《寻梦龙虎山》通过完全真实的场景体验,把演出和山水有机结合起来,让游客行走观演的同时,充分感受这丹山碧水间的灵秀之气,体验山水之美、文化之美、艺术之美。

二、合理利用资源

《寻梦龙虎山》有着世界上最大的天然投影崖壁,高90米、宽190米、总面积达18000平方米。巨大天然崖壁上的裸眼3D投影,是人与自然共同创造的结果。天然的崖壁为投影提供了一面屏幕,将剧情完美地展现出来,呈现万千变化的场景。观众们泛舟于泸溪河上,观赏泸溪河、龙虎山秀美风光的同时,又能欣赏崖壁上的奇景。

三、演出规模史上最大

70分钟的时间里,300余名演员共同演绎,从古越民俗村到桃花洲之间三个场景的切换,给人以时空变换的奇幻体验,演出场地内有目前国内最大规模的环境艺术灯光工程,4600多个特效灯光设备布满了整个山体,为观众创造出一种美轮美奂、瞬息万变、光影淋漓的视觉艺术效果。整场演出犹如一场真正奢华的灯会,让壮美的龙虎山显出优美、神秘、梦幻的艺术魅力。

四、突破舞美灯光的限制

在舞美灯光的设计上,夜晚的黑暗不仅不会制约时空的变化,反而会变为一块"画布",通过灯光、大屏幕投影制造出时空隧道、白昼或群星闪耀的场景；LED灯带变化出成千上万的萤火虫，营造出草木皆有灵的壮观场面。

五、采用顶尖设备

这是国际顶尖的蟒蛇音响系统在国内实景演出中首次使用，系统均匀铺设在表演区域内，使观众无论在任何位置，听到的音乐音效都是同样完美真实的。另外，蟒蛇音响也真正做到了物尽其用，在水上表演时，环绕架设在船上，在最大程度发挥效果的同时避免了不必要的浪费，也避免了对周边居民的生活起居产生干扰。

六、打造专属演出场地

这种大规模演出场地是江西省内乃至全国都罕有的，每一篇的演出都会根据剧情的需要单独打造一个专属、独立的表演场地，而每个场地都足以展开一台规模宏大的实景演出，让游客能够更加真切地感受这世界上独一无二的震撼。演出场地从古越民俗村一直延伸到桃花洲附近，总跨度长达2公里，从施工难度和强度来说，也是国内罕有的。

这些创新性突破，让《寻梦龙虎山》获得了"2014年国家文化产业重点项目"，获评2015年度全国旅游优选投资项目，并得到了媒体的一致好评。人民网评价称："《寻梦龙虎山》依托龙虎山道教文化，以'中国梦'为内核，把丹山碧水、道教文化及古越民俗融入一场山水实景演出中，改变了龙虎山旅游格局，为江西旅游演艺发展提供了范本。"

正所谓"罗马不是一天建成的"，《寻梦龙虎山》的诞生，也经历了曲折的过程。《寻梦龙虎山》的市场路径包括策划创意—市场调研—资本、人员匹配—品牌提炼、产品预宣—产品生产—产品宣传销售，基本上涵盖了一个景区产品产生的所有动作。从前期的策划创意到后期的产品落地，再到宣传，我们可以看得出来，一个好的景区产品是如何一步步打磨成功的。

（一）策划创意

龙虎山聘请阳光媒体集团主席、知名主持人杨澜，2008年北京奥运会开幕式副总导演、2014年南京青奥会总导演、东方歌舞团团长陈维亚，国家一级编导李冬子，国内舞美视觉创意资深导演、数虎联合创始人、数虎艺术总监乔文斌，印象团队创作人王宇刚等一线著名编导，共同参与项目策划和创意。优秀的团队为演出的策划创意的高品质提供了保证。

前期，策划创意团队考察境内外50多场实景演出，借鉴现有国内实景节目的优势，从演出选址、舞美设计、剧本创作等方面策划了《寻梦龙虎山》——国内首台"观众行进式大型多媒体实景演出"。

（二）市场调研

2012年来江西省旅游接待国内游客1.2亿人次，龙虎山景区周边200公里范围内市场客群3000余万人，为龙虎山实景演出节目提供了市场保障，当时考虑到周边上饶、九江、南昌等地市没有高品质的实景演出，市场调研推断出《寻梦龙虎山》实景演出一经推出将得到市场的认可。

（三）资本、人员匹配

实景演出公司采取股份制方式融资，取得良好效果。阳光传媒公司（创作团队）、大道乾坤公司（民间资金）、龙虎山集团公司三家公司入股成立美丽目的地公司。股份制方式与过去实景演出相比有几个优点，一是改变以往创作团队不管后期运营的问题；二是借助了阳光媒体的优势品牌和运营能力，首次由政府、运营策划创意团队优势互补，共同发力打造了一场高品质的演出；三是整个节目的打造全程市场化运作，效果良好。

（四）品牌提炼

团队以龙虎山特色的道教文化、生态文化、民俗文化为素材，展现龙虎山地域优美的自然环境、丰富的历史人文、鲜明的民俗风情特质，创作出不可复制的、具有龙虎山基因的行进式山水实景旅游演艺精品。

（五）产品生产

《寻梦龙虎山》利用高科技手段产生了强烈的视觉震撼力，同时调动大型艺术灯光、高保真音响、大型水幕电影、动漫投影影像、水上辅助舞台、水下灯光、仿真技术合成、多媒体控制技术、多色彩激光投射等技术手段与元素，有机集成、协调组合，创造出美轮美奂的画面与震撼的音响效果，向游客提供一场文化与科技融合的盛宴。实景演出试演时就得到时任江西省副省长朱虹的评价——"江西第一、全国领先、世界一流"。

（六）产品宣传销售

在正式公演前采取饥饿营销方式，开创了一票难求的局面。在门票政策上结合龙虎山景区资源优势，采取联票制。在品牌宣传上，在龙虎山大品牌的带动下，与龙虎山品牌互动，落地宣传上不断推陈出新，通过自媒体宣传平台，策划相关活动及软新闻增加品牌影响力。如举办荧光夜跑、网红直播、仙女快闪，承担龙虎山各项重要活动（如省旅发大会）的开幕式表演，参加各地市的旅游展，等等。

随着节目的推出，游客反映良好，形成了好口碑，口碑营销效果良好。自2015年4月28日公演以来至2019年，《寻梦龙虎山》共演出1700余场，接待购票观众近200余万人，接待收入和观众人数稳步上升。

打造夜游产品需要结合本土特色，从游客的消费模式出发，借助现代声光电科技，开发主题夜游、灯光秀、夜间演艺等不同类型的夜游项目，让夜间旅游成为景区发展和旅游产业发展的新增长点，成为景区文化创新与经济发展的新引擎。

案例3.
万盛奥陶纪公园的网红之路

曾经有一段时间，无论在抖音还是朋友圈，不少人都被这样一段视频刷屏了：一个吊着保险绳的网友，小心翼翼走在步距很大的桥面上，脚下是万丈深渊，一不小心就有可能会踏空掉下，对于普通人而言，每跨一步都需要胆量，而且越往前，两块木板之间的间距越大，体验者每走一步，围观者都会发出一声尖叫。

这段视频在抖音热门推荐里的点击率极高，有上千万次播放，网友纷纷表示"隔着屏幕，心都是凉的""给我500万，我也不敢走"。这个就是重庆万盛奥陶纪公园中的一个产品——"极限飞跃"，而像这样的网红产品，奥陶纪公园还有很多。

奥陶纪公园是位于重庆市万盛经济技术开发区黑山—石林风景名胜区核心景区内的公园，以奥陶纪地质地貌和自然生态为主体景观，以科普知识和巴渝文化为精神内涵，以"健康地成长、诗意地栖居"为旅游主题，是融游览观光、科考修学、文化娱乐、休闲度假为一体的旅游区。景区内包含高空极限类、高空刺激类、高空体验类、游乐趣玩类、自然景观类等30多个项目。有人来这里单纯是为了游玩，有人来这里是为了拍视频发到社交平台，有人来这里是为了挑战自我、突破自我，无论何种目的，奥陶纪公园都能满足。

而对其景区的产品进行分析后可以发现，奥陶纪能够走红是有一定的必然性的。

一、奥陶纪公园的地理位置比较特殊

奥陶纪公园位于石林风景名胜区核心景区，海拔1000米左右，是国内唯一一家建在山上的主题公园。这里夏季温度在23℃左右，相比于重庆主城区来说，堪称是避暑胜地。奥陶纪公园的高空项目全部建在落差150~300米的悬崖上，头顶是蔚蓝天空，脚下是万丈深渊。游客在此不仅能玩各类游戏项目，欣赏雄伟壮丽的自然风光，还能领略神奇的喀斯特地貌。

还有一个比较重要的因素是，奥陶纪公园距重庆主城区110公里，距万盛城区21公里，从交通方面来说，家庭自驾游十分方便。

二、奥陶纪公园中高空项目众多

作为全球拥有最多高空项目的公园，奥陶纪公园拥有天空悬廊、180°回荡的悬崖秋千、悬浮空中的极限飞跃、云端的步步惊心、半空中的玻璃吊桥、凌空摇摆的高空荡桥、绝美崖景的云端廊桥、惊险的高空漫步、云霄间穿梭的高空速滑等数十个高空项目，绝对符合喜欢惊险刺激的年轻群体的心理。

三、奥陶纪公园中的项目惊险刺激

近几年，"惊险""刺激"越来越成为人们生活中的稀罕物，越来越多的景点开设高空挑战等旅游项目，让人们在体验惊险刺激之余，激活身体的每一个细胞，忘记城市生活的繁重。奥陶纪公园建在悬崖边上的18米超级大秋千，足足有6层楼的高度，你穿上各种安全带之后，工作人员将你向后拉到与地面成90°的高度，然后再放手让你荡到天空。据说在这里荡一下足以让人"怀疑人生"。这一项目也因此入选了"世界九大最惊险高空项目"，与美国加州的崖壁天梯、中国陕西的华山栈道等一同上榜，排位前三。

综合以上因素，奥陶纪公园的"网红"特质似乎已成为常态，在过去的一年多时间里，奥陶纪公园不断被媒体刷新标签。2017年5月，天空悬廊以69.6米的长度，创吉尼斯世界纪录，成为全球最长悬挑玻璃走廊。"步步惊心"项目被外媒列为"全球九大最惊险高空项目"之一。由于很多产品依靠悬崖峭壁建设，体验过程惊险刺激，因此奥陶纪景区有着"悬崖景区"的称号。再加上90后、00后的很多游客喜欢搞怪自拍，往往都会在一些经典项目上拍摄各式各样的小视频或照片，无形中也提升了奥陶纪公园的口碑。

有了过硬的景区产品和项目，再经过媒体传播和网友的自扩散，现在的奥陶纪公园已经让人们产生一种"不到奥陶纪非好汉"的好奇感。透过现象看本质，奥陶纪公园给人们带来的不只是打卡的满足感，更是一种现代旅游业发展之路的优秀实践。

案例4.
从福建"侠天下"看景区托管模式

　　我们前面在说中小景区如何向管理要效益的时候，提到了重庆的万盛奥陶纪公园。在福建有一个和奥陶纪类似的景区，甚至可以看作是奥陶纪的姐妹版，这就是由福州新蓝海公司托管的"侠天下"景区。

　　之所以说是奥陶纪的姐妹版，首先，"侠天下"很多产品都能看到奥陶纪的影子，比如步步惊心、玻璃悬桥等，和奥陶纪大同小异，但是和其他景区有明显区分的是，"侠天下"有个明确的主题——侠文化。

　　景区划分江湖、侠谷、绿林、市井四大景区，江湖客栈、精品公寓、高端度假三大酒店，建造绿林极限飞狐滑道、侠客表演、冰雪江湖等互动体验项目，实现侠文化与自然的完美融合，为游客打开了"刀光剑影、侠骨柔情"的真实版武林世界，是集观光旅游、休闲度假、互动体验为一体的综合型旅游目的地。

　　这里面的很多项目，都是通过托管的形式进行管理的。2015年，新蓝海与"侠天下"实现全面合作经营管理，新蓝海在原有的基础上做了几方面的改进。

　　1.在原有绿林景区的基础上，继续打造出江湖、侠谷、市井等三个景区，把单一景点的景区打造成一个综合旅游目的地。

　　2.深化侠文化景区的特点与内涵，将侠文化植入景区的方方面面，让"侠天下"景区拥有鲜明的特点与独特的吸引力。

3.组建专业且实战性强的营销团队。

4.线上、线下互动的宣传与推广。

5.积极调动新蓝海在媒体、电商、旅行社、各专业机构、其他旅游产品中的人脉与资源，极力推动"侠天下"的发展。

通过这几方面的改进，"侠天下"开业4个月就成功申报4A景区，堪称神速。开业8个月跃升为福建热门景区，开业1年游客量突破了60万。

托管期内，"侠天下"旅游区已成为尤溪当地首个国家4A级旅游区，全国首创的侠文化山水体验景区，在福建仅次于老牌景区武夷山、福建土楼，被誉为"中国旅游业的奇迹"。

"侠天下"和新蓝海的合作，是典型的景区托管模式。一般来说，有托管需求的景区有两种。一种是新建的景区，在管理、运营、营销等方面没有经验，需要从零开始去组建营销、业务等相关团队。这种景区的合作时间不会太长，一般是一到两年，景区发展走向正轨后，托管团队便会退出。还有一种是在市场上已经存在很长时间的景区，在发展过程中遇到了瓶颈，需要对景区的定位、产品等方面进行重新梳理，寻找新的方向和突破点。

比较常见的托管模式是由景区托管公司派出数人组成的专业管理团队入驻受托景区，全程、全面提供"保姆式"日常运营管理服务。项目团队一般有6—8名人员，包括1名总负责人、1名运营管理负责人、1名营销负责人、3—5名管理助理，从景区的管理体系、工程建设、市场营销、组织架构、发展战略等各个方面和维度提出专业的、规范化的管理意见。

从效果来看，新蓝海和"侠天下"的托管模式起到了很好的作用。托管期间"侠天下"以鲜明的品牌定位、独特的产品卖点，填补了市场对文化体验型山水互动景区的需求，从福建众多山水景区中突围而出，也奠定了大景区应有的设施基础。除了托管"侠天下"旅游景区，新蓝海集团还合作经营了福安白云山、柘荣鸳鸯草场等项目，成绩都十分亮眼。

随着旅游景区的高速增长，加之不断有房地产等其他非旅游行业进入并投资旅游景区，导致专业的景区高级管理人员十分短缺。专业化的景区管理对于许多新兴景区和遇到发展瓶颈的老旧景区来说极为迫切，巨大的人员需求与专业人才的短缺在短期内很难调和。从这一角度来看，景区托管也是未来的一个趋势，也是景区管理的一个新选择，将来会有一定的发展前景。

案例5.
龙虎山悬棺表演

提起龙虎山，很多人第一印象是道教祖庭。的确，龙虎山最引以为傲的就是道教文化。其实有些人不知道，除了道教文化，龙虎山还有深厚的古越文化，而最能代表古越文化的就是绝壁之上的崖墓群，也就是大家熟悉的悬棺。这是古越人特有的一种丧葬形式，也是我国多种葬法中最古老、最特别的一种丧葬形式。

在龙虎山泸溪河畔仙水岩附近的崖壁上，可以看到数以百计的崖墓。这里的山相对于龙虎山其他地方较高，由于水流的冲刷和侵蚀，崖壁上的洞穴星罗棋布，或高或低，或大或小，是一个个天然的墓葬之处。但是古越人是如何将棺木放置进去的？又为什么要把先人安放至绝壁洞穴里？这一直以来都是不解之谜，龙虎山崖墓也因此蒙上了一层神秘的色彩，产生了种种神话传说。有人说这洞里的东西，是神仙用金丝线吊上去的，也有的说这洞里装的是无字天书、金银财宝。

龙虎山围绕悬棺这一资源，利用大众好奇的心理，策划了一系列活动和产品。

一、事件营销

龙虎山管理局曾悬赏30万征集专家学者前来破解悬棺之谜。而专家学者们在各种推测论证、模拟实验之后，还是没能解开这一千古谜题。后续龙虎山把这一奖金提高到100万，然而悬棺之谜依旧悬而未解，但是通过这一事件，让国内外数以百计的专家学者、数以千计的古谜探险家、数以万计的旅游好奇者都知道了龙虎山，大大提升了龙虎山的知名度。

二、产品打造

我们重点说一下龙虎山的悬棺表演，这是龙虎山策划的一个核心产品，从前期考察场地到后期投入市场，耗费了很多精力，当然也取得了很不错的效果。

在策划前，我们先对周边的场地进行了一个细致的考察。悬棺是不能动的，想要打造产品需要在周边做文章。仙水岩悬棺对面是桃花洲，这里地势开阔，可容纳数千人，每年的帐篷节就在这里举行，在这里可以一览无余地欣赏对岸的风景。龙虎山利用这一位置加上原有的资源，打造了"悬棺表演"这一核心产品。

接下来是对这一产品进行定位和诉求，其实在中国人传统的认知中，棺材是不吉利的，但自古"升官发财"也让人趋之若鹜。我们经过研判，设计将棺材从泸溪河面向上升起这么一个过程，寓意着"升官发财"。这样一来，一方面游客可以欣赏到空中表演的高难度动作，另一方面有"升官发财"的寓意。游客不仅可以获得极大的视觉满足感，而且会有一种心理上的满足感。

三、解决技术问题

需要说明的是，目前大家看到的悬棺表演并没有百分百还原古越人的悬棺方法，而是一种仿古吊装法，具体做法是用多个安放在山顶的辘轳，先将人系住，从山顶下到悬崖有洞处选址，并做好接棺的辅佐事项，再把重达200公斤的棺木提升至洞口，最后崖洞内的人用钩子钩住棺木牵引绳，将其拖入洞内，从而完成整个表演。

从事悬棺表演的人员是我们从龙虎山当地找的土生土长的药农。他们祖祖辈辈都在龙虎山以采药为生，在平时的采药过程中练就了一身非凡的本事和过人的胆量，游客眼中的种种高难度动作，对他们来说可能比采药还要轻松。

四、产品完成，投入市场接受检验

从游客的反映及口碑来看，这一产品无疑是成功的，现在悬棺表演可以说是龙虎山景区的一大亮点，也是很多游客来龙虎山游玩的必看节目。

在原有悬棺表演的基础上，产品还在不断优化、丰富中。早期悬棺表演比较单调，除了悬棺表演前有一段鸬鹚表演热场之外，就没有其他的了，这也让游客觉得有一种意犹未尽的感觉。后来在悬棺表演的基础上，我们进行了一系列升级改版，比如在原有技术性表演的基础上加入了故事性的情景重现，用演绎的形式将古越人的非凡智慧和坚韧毅力展现给游客，更直观感受古越文化带来的冲击，同时也丰富了悬棺表演的内容。

现在来龙虎山游玩的游客，基本上都会到桃花洲欣赏悬棺表演，还有一部分游客会从上游的竹筏码头漂流过来，近距离观看。这对于游客来说又是一种别样的体验。而对于龙虎山来说，通过策划悬棺表演这一产品，以及围绕悬棺表演所做的一系列事件，让龙虎山声名在外，同时也盘活了龙虎山的二次消费。无论从哪个角度来看，这个策划都是成功的。

第二章 营销篇

"景区是船，营销是帆"。一个成功的景区，好的产品只占一半，另外一半就是营销和管理。营销的核心是引流，如何通过营销宣传引流市场客群关注度并把客群关注度转化为客流量，是营销的关键。营销篇中，我会和大家分享如何在互联网时代通过品牌营销、网红事件和主题活动策划创意营销、新媒体营销、散客团队渠道建设、住宿业营销来提升景区的品牌影响力，吸引客群关注，从而达到把客群关注转化为景区客流量的终极目标。

手记1.
景区如何有效开展品牌营销

旅游景区的品牌营销分为生长的"青春期"和成熟的"中年期"，"青春期和中年期"景区品牌营销的重点不同。在实施景区的品牌营销时，应根据景区所处的时期分别采取相宜的措施，尽量缩短旅游景区品牌的生长期，延长成熟期，以实现景区品牌的稳定发展。

旅游景区品牌的生长期始于新的旅游景区开发建设期间。为使目标市场了解和认知景区产品，一般需要缩短成长期的持续时间，使旅游景区产品迅速进入并占领市场，使景区品牌尽快打响。

旅游景区品牌营销的主要内容是景区品牌建立，景区品牌建立的核心是景区形象塑造。良好的旅游形象对广大旅游者具有强烈的吸引力，使景区具有极大的影响力和竞争力，能够给景区带来巨大的经济效益和社会效益。景区应着重塑造良好形象，将优质品牌形象作为旅游市场开发的主要驱动力。

一、品牌形象的定位

建立良好的景区形象首先要进行景区品牌定位。品牌定位是根据景区的竞争状况和产品优势确定景区产品在目标市场上的竞争优势，提炼本景区自然和文化资源中有形或无形的核心价值，其目的在于创造鲜明的个性和建立独特的形象，使客源市场的需求和景区的特色品牌形象紧密结合，最终赢得客源。

准确的品牌定位预示着旅游景区品牌成功了一半。景区品牌形象的定位是确立一个景区在旅游者心目中形象的重要一环，是旅游者需求特征和景区特色的结合。景区自有或聘请的专业团队在综合分析宏观和微观环境的基础上，进行充分的市场调研，选择特定的目标细分市场，分析客源市场规模和特征，对本景区的文化资源和自然资源依据旅游景区评价的国家标准采用定性和定量方法进行评价，提出景区品牌形象定位的多个备选方案，然后听取专家评审和社会公众参与的意见建议，最后由景区管理层对品牌形象定位方案进行决策，根据明确的品牌形象定位进行品牌形象设计，开展品牌营销。

景区管理层判断景区品牌形象定位方案是否可行，可以从以下四个角度进行。

（一）景区产品定位

景区产品主要定位于受市场欢迎这个维度上，景区产品要打造成受市场欢迎的产品，必须要有特色和核心吸引力。这个特色和核心吸引力既可以是文化元素也可以是自然资源。例如，江西婺源篁岭景区挖掘自身文化和自然资源，推出了徽派建筑特色的晒秋、天街探秘、山寨村落、梯田花海、乡村民俗拾趣等网红系列产品，以此打动客人，颇受游客欢迎。

（二）景区产品价值定位

景区要熟知游客购买其产品的核心价值诉求，了解游客购买景区产品期望获得的功能性利益和情感性利益，从中找到游客对该产品需求的价值利益点，进而形成竞争优势，最终激发游客来消费景区这款产品。例如，张家界天门山景区，找到游客寻求天门高空俯瞰刺激、神仙般的潇洒飘逸沉浸感、感受到世界海拔最高天然穿山溶洞和九十九湾公路奇观的这个情感需求点，利用飞机穿越天门洞、翼装飞行两大活动场景沉浸式宣传，不断刺激游客来天门山消费这款产品的欲望，为天门山景区带来高偿付性、高社交性、高黏度、高个性化等全新的特点，提供了全新的景区体验内容，带来天门山景区旅游的重大突破。

（三）文化定位

文化是景区的灵魂，文化是景区品牌形象代言，深入挖掘景区文化内涵，用不同文化现象作为载体，多角度、沉浸式地展示、诠释景区文化精髓。例如，无锡灵山拈花湾禅意文化街区，景区挖掘出了禅意文化，用禅文化主题打造了禅境观光、禅意休闲、禅农体验、禅心度假、禅修康复、禅学培训、禅游时尚等禅文化主题特色沉浸式体验产品。整合现代人度假吃、住、行、游、购、娱的复合要求。可以说，无论是禅意文化建筑硬件体验、禅意文化活动体验、禅意文化表演体验、禅意符号体验，还是禅意服务体验，都那么恰如其分。

（四）管理定位

景区管理者要以树立良好品牌形象为标准建立管理制度，构建品牌经营系统，对管理的每一个环节制定精细化管理制度，为游客提供完整的服务质量确定体系，培养游客好口碑，获得游客对景区品牌的认可。例如，河南云台山，制定"感动每一位游客"的管理标准，建立了2000多名员工人人都是安全员、服务员、保洁员、救护员、宣传员五员一体模式，采取"全行程、管家式"精细化系统管理，为云台山持续带来好口碑、树立起景区良好优质管理品牌形象。

二、景区品牌形象设计

景区品牌的树立中品牌形象设计是关键，景区须根据景区品牌形象定位进行品牌形象设计，优质的景区品牌形象设计要在品牌形象定位的基础上，根据景区的地理风貌、历史文化、民俗风情等进行图形上的提炼，创作出富有内涵的能抓住游客心理的品牌形象设计作品。

（一）要用简练的语言准确地表达出景区特征

要有独特性，达到景区核心价值与市场需求同频互动。要有创意，主题形象概括表述上就必须有特点，让游客一目了然，激发游客消费欲望。

（二）要专业和科学地切入主题

品牌形象是生产力，而依靠科学技术才能做出具有科学性的品牌形象设计。比如，利用信息技术制作景区视觉信息容易引起游客感知，给人留下深刻印象，在景区品牌形象中有特效，因为好的视觉形象不仅具有精确的概念传达力、独特的识别记忆力和强烈的视觉冲击力，还可以美化旅游景区的景观，提高旅游景区的品位，增强旅游景区的亲和力。品牌形象设计的专业性比较强，一般来说，聘请高水平专业团队会效果更好。

三、景区客源市场分析

游客能否成行一般取决于三个条件——游客的空闲时间、游客的经济收入水平、游客对景区的向往动机。景区客源市场分析主要分析客源市场离景区的距离、客源市场规模、客源的需求特征三个方面的内容。

（一）客源市场离景区的距离

这个距离的远近影响景区来客数量。景区吸引游客的半径是有限的，景区客源地的游客来景区旅游什么半径距离合适，经专家研究，受交通和出游时间等各种因素影响，景区80%的游客都在500公里范围内的客源市场产生。根据景区的特点不同，500公里范围内的市场来客量又分100公里内、200公里内、300公里内、300—500公里，各个区域市场不同距离又各有不同。

（二）客源市场的规模

客源市场规模由客源市场人口数量和市场经济发展程度决定。首先，人口数量越大当然客源市场规模也就越大。其次，市场经济发展程度也决定客源市场规模的大小。游客出门旅游需要经济基础做支撑。一般来说，景区周边客源市场经济发展水平越高，客源市场居民收入水平越高，客群出游意愿和消费能力就越强，景区周边客源市场规模就越大。这就要求我们对景区周边500公里范围内市场经济发展和居民收入情况进行分析，可采用成长率预测法进行分析。

（三）客源市场需求特征

可以根据市场的人文特征、地理特征、心理特征和消费行为等个体特征对游客进行细分，收集整理资料，然后根据这些资料采取德尔菲法、游客意图调查等方法调查分析，分析得出客源市场游客对景区产品需求的特征。

四、景区品牌形象的推广

景区品牌推广是将设计好的景区品牌形象成果进行广泛传播推广。景区品牌形象的推广即景区的市场营销活动，可分为景区所在地政府关于整体旅游品牌形象的宣传和景区企业关于景区品牌形象的宣传。景区是综合性的服务实体，与多种行业、多个部门有着紧密联系。因此景区要与多个部门建立良好的社会关系，形成合作伙伴关系，以此树立良好的社会形象，扩大知名度，拓展销售渠道。政府在旅游景区品牌传播中起着引领性的重要作用。我在多年的景区营销工作当中，结合融媒体的发展趋势，经过不断的实践，总结了景区市场营销活动的六种常用方式。

（一）景区广告投放的传统媒体渠道要有足够大的流量

现在是流量经济，互联网上到处都在谈流量，其实流量不但是互联网公司的生存核心，对于景区也是如此。引流，是景区营销活动中的重中之重。无论什么手段，最终的结果都指向品牌形象在市场中的知晓率，能吸引更多的游客下单来景区游玩，品牌形象宣传流量从哪里来呢？其实有一些不得不看的硬广告渠道引流效果不错，比如机场和高铁站、高速路旁的高炮，这些都是一些传统的投放手段。为什么现在还有景区在投，就是因为这些地方人流量大，触达率高。但是需要注意一个问题，由于地缘远近的原因，加上每一个高铁站或者机场的客流量不等，所以在具体操作的时候，还需要测评一下性价比，具体问题具体分析。

在传统媒体营销宣传活动中也还可以配合使用赠品、优惠价、免费服务、礼品卡、地推抽奖、同行、异业、培训、会员等传统品牌宣传营销手段。

（二）拥抱大数据，景区品牌形象宣传应精准发力

由于智能手机的普及和应用功能的升级，现在的游客花在手机上的时间大大增加，所以景区营销要做的事情，就是让游客在手机上的新媒体平台上去关注景区。现在手机上的新媒体平台如微博、微信、今日头条和抖音，能够抓住客户习惯精准推送客户喜爱的内容，这种新型的算法已经越来越成熟了，这样就使得景区品牌形象的精准营销传播成为可能。因此景区应该充分分析市场客群的消费习惯等特征，然后把景区品牌形象针对这些市场客群进行精准推送并强化感知，努力精准塑造良好的品牌形象。精准营销传播是景区低成本扩张的最佳选择，精准营销使得景区品牌形象宣传需求更有针对性，投资回报可以衡量，让每一分钱都花在刀刃上。假如你春节想去外地旅行，搜索一下想要前往的目的地的车票和酒店信息，之后就会有很多有关这个目的城市的景区、酒店、旅游、美食等的推荐信息，就像你的一举一动都被"监控"了一样。这就是精准营销的神奇之处，它能够通过人工智能和大数据精准识别有效市场客群，提高营销效率。

精准营销是人工智能和大数据应用的一个重要场景，在景区细分市场下可快速获取潜在用户并提高市场转化率，堪称"揽客神器"。上面所提到的在微博、微信、今日头条、抖音等平台的投放只是精准营销中的一个环节，从前端用户画像到后端的景区体验，景区的精准营销大概可以分以下几步。

1.精准勾勒游客画像，激活游客需求。 利用大数据详细分析游客的性别、年龄、消费水平、学历、搜索习惯、关注哪些品牌、消费习惯等从而勾勒出游客画像，并基于游客画像开展有针对性的旅游营销活动。精准的游客画像可以使景区在目标客源市场的识别和传播大大加强，有利于景区策划设计不同层次的旅游线路，以多样化旅游产品供给引导游客消费，这样你所做的营销活动，才能触及市场客群，从而有效激活市场需求。

2.策划优质内容进行精准推送。 我认为，优质内容精准推送和普通的机场、高速路上的硬广告有着很大的区别。硬广告只能让客户人群知道景区的名字，而精准内容推送则能让客户人群了解景区的更全面的产品和服务信息。比如，景区制作优质宣传内容时，可以请很多攻略大咖，让他们来景区体验，然后创作优质的攻略内容，并不断地将这些优质的攻略推送给市场客群。现阶段，精准营销方式已经成为景区的重要营销手段了。

3.进行优质精准服务后催生游客自觉分享。 游客购买门票进入景区体验期间，景区要通过游客在景区吃、住、行、游、娱、购等数据信息为游客提供全方位的服务，这样游客获得优质的体验自然会催生分享欲望，游客这个小自媒体也能为景区做很多宣传。

（三）以景区为平台，围绕网络媒体打造具有新闻性和传播性的网红性事件和话题

这种操作就是很多景区营销人想要达到的"花小钱办大事"的一种玩法。利用网络媒体，去包装一些吸引眼球的事件或者话题，比如"丁真的世界"、"花样奶奶"、奥陶纪的"美女跳崖送饭"、恩施大峡谷景区的"垃圾换门票"、南太行"蜘蛛侠清洁队"等，都是通过创意设计包装形成的新闻事件。

这些事件本身都具备一定的新闻性和传播性，前期只要找一些新媒

体渠道去引爆，后续就会有更多新媒体去自发传播，从而起到"四两拨千斤"的传播效果。对于景区尤其是那些营销预算有限的小景区来说，这是一种首选的营销方式。

（四）结合景区文化和景区所在地方文化，做一些有文化深度和内涵的营销

文化是一个景区的根基，没有文化内涵的景区就像无源之水、无本之木。所以我比较推崇的是景区做文化营销，一定要去做一些有深度和内涵的文化营销，比如写小说、画动画、做动漫、拍电影和电视剧、做创意文创产品等。这样做能形成景区独有的IP，一旦形成景区IP就使景区宣传彰显独特的魅力和吸引力。

在做景区的文化营销时，要注意找到与年轻人沟通的点。从小说、动画、动漫、游戏、文创中都能找到和80后、90后、00后沟通的点，因为他们在小说、动画、动漫、游戏、文创上花费的时间很多，景区要善于在这方面做出探索。

（五）利用节庆做营销

越来越多的旅游景区都喜欢通过节假日进行营销，因为这是一个比较讨巧的办法。从人气与收入来看，众多旅游景区都在节庆营销中成为赢家。除了黄金周、节假日、特定节日等固定的节庆外，还有一种"造节"的做法，比如查干湖冬捕节、山东潍坊风筝节、哈尔滨冰雪节等，这么多年以来已经成为当地的一张名片。

节庆营销大概可以分这么几种：一种是与全国旅游相关，比如春节、五一、十一等；一种是少数民族或地方上特有的节日，比如那达慕大会、彝族火把节、傣族泼水节等；还有一种就是景区自己创造出来的节日，比如上面提到的潍坊风筝节、哈尔滨冰雪节以及各种美食节等。长期做下去，都会形成一定的影响力。

（六）针对不同的市场，采取不同的宣传营销方式

市场可以按人群划分，也可以按地域划分。按人群划分可以分为20以下学生、20—40岁青年、40—60岁中年市场群体和60岁以上老年市场群体。对于学生和青年市场群体，可以利用网络渠道如飞猪、携程、驴妈妈等吸引他们来景区游玩。对于老年市场群体，从目前的情况看，还是要围绕传统的旅行社渠道，围绕价格优惠的方式，围绕一些老年人参与的旅游产品进行营销，这样对老年人的吸引力会很强。

按地域划分市场的话，就是以景区为中心点，向外辐射的远近程度。可以针对不同的目标客源市场，设计开发出不同的品牌形象宣传内容，针对不同类型的品牌形象内容采取不同的宣传方式、构建广泛和完善的宣传产品，通过旅游中间商和各种传播媒介，借助一系列的广告宣传活动提升景区的品牌知名度，扩大景区的影响力。

我们这些年的探索发现，对于不同距离和不同特色的市场应采取不同的品牌形象宣传，营销手段上也应采取不一样的产品价格政策来落地产品销售。对于比较远的市场，要推出产品优惠政策例如市场包销政策，效果还是不错的。当然这是距离比较远的非核心市场，对于景区的核心市场景区会慎重使用大幅度的优惠政策。不同地域的市场客群有不同的出游习惯，对产品的喜好也不同，因此我们还会根据不同地域市场制定不同的渠道品牌宣传方案。

景区与景区之间若干个距离接近、优劣势互补的产品形成连线，又具有共同客源市场适合组成联合体，相对统一的品牌形象，联合行动共同宣传营销推广。

手记2.
网红性爆炸事件活动如何策划

　　作为景区从业人员，很多人应该都听说过"澳洲大堡礁招聘事件"。

　　2009年初，澳大利亚昆士兰旅游局为宣传大堡礁，推动当地旅游业的发展，通过互联网招聘岛屿看护人员。被录取者不仅可享受碧海银沙的梦幻生活，而且6个月合约的薪金可达15万澳元（约合70万人民币），并能免费居住海岛别墅以及享受免费往返机票。不但工作环境惬意，而且工作内容轻松。

　　这个被称为"全世界最好的工作"的受众达到30亿，几乎占了全球总人口的一半，来自202个国家（和地区）近3.5万人发出了申请视频。全球每个国家（或地区）都至少有一人发了申请，招聘网站的点击量超过800万，平均停留时间是8.25分钟，谷歌搜索词条"世界上最好的工作+岛"，可搜到4万多条新闻链接和23万多个博客页面。招聘活动结束的当天，昆士兰州州长安娜·布莱由衷地赞叹道："'全世界最好的工作'不仅是一段令人赞叹的旅程，也是史上最成功的旅游营销事件。"

　　这就是事件营销的魅力！

　　近年来，国内不少景区也开始走事件营销这条路，从投入产出比来看，这种"花小钱办大事"的营销手段的确令人着迷，而且一旦成功，所产生的效应会给景区带来巨大的利益，尤其是互联网时代，景区如果擅长用事件营销去做宣传推广，"一夜爆红"的奇迹随时会发生。

　　事实上，国内景区事件营销的确出现了不少让人拍案叫绝的案例。但同时我也注意到，由于种种原因，有一些景区的事件营销并未取得理想的效果，更有甚者，为了吸引眼球，某些景区甚至用一些低俗的手段进行推广，虽然得到了许多新闻媒体的报道，但给景区带来的却是负面的影响，得不偿失。

其实景区事件营销的本质并不复杂，无非就是"优质的创意内容+合适的渠道"，或者再加上时间的因素。2014年白石山玻璃栈道的推广就是这三个因素的结合。当时他们推广的时间是9月中旬，"十一"黄金周的前两个星期开始发力，内容就是用游客在玻璃栈道上体验的真实照片打造一个"扶墙族"的概念，渠道也很简单，KOL+新闻媒体。就是这么一个并不复杂的组合，却引爆了国内几乎整个媒体圈，从网络到报纸再到电视，效果惊人，直接导致白石山在"十一"期间不得不限流。

所以，我认为景区营销不要单纯地为了推广而推广，告诉游客，我们这里多美多好，那是传统的营销推广方式；而事件营销就是要把景区当作一个平台，在这个平台上发生的任何一件具有新闻性的事件，都能为景区带来关注和流量，而这一切需要有三个前提。

一、所发生的事情要有传播性，能够让游客、让媒体主动传播

无论是"大堡礁招聘事件"还是白石山玻璃栈道"扶墙族"，都有一个共同的特点，那就是新闻性，而具有新闻性就代表着有了被围观被传播的可能。对于媒体来说，他们也乐于报道这样的内容。有了新闻性可传播的点，再找准恰当的新闻媒介进行宣传，双管齐下，事件营销效果自然比较好。如果事件有足够的吸引力，游客和媒体甚至会主动来帮你传播。

二、景区营销事件要有正能量，不能为景区带来负面效果

很多景区营销人员有一个误区，认为现在是眼球经济时代，无论用什么样的手段或者方式，只要抓住目标用户的眼球就够了，所以一些低俗营销层出不穷，什么"成年女性穿超短裙可以免费进景区"，什么"裸体照片宣传景区"，什么"人妖大尺度走秀演艺"，等等。

虽然吸引了游客的眼球，却是以损害景区形象的代价换来的，不但不

利于景区品牌的建设，甚至还会引发消费者的抵制。由此来看，如此大煞文明风景的做法无异于饮鸩止渴，并不能提升景区影响力，反而会伤害景区的长远发展。

所以，那些喜欢剑走偏锋，或者偏爱恶搞、无厘头风格的景区，基本上无法取得预期的传播效果。相反，那些内容积极健康，传播温暖的景点，更能获得消费者的喜爱。

三、事件营销要和景区有关联性，在策划的时候不能随心所欲

上面说了，事件营销要有传播性，需要找到一个创意点，才能有效展开后续的传播活动。那么问题来了，到底什么叫作合适的创意呢？我认为所谓合适的创意，是指事件营销的主题策划要与景区主题形象相一致，要和景区本身或者景区文化有所关联。只有这样，传播的时候才能让受众去关注事件背后的景区，而不是随心所欲，想到什么就做什么，那样就失去了做这件事情的意义。

龙虎山最近几年策划了不少国内外媒体争相报道的事件，比如龙虎山"花样奶奶"、光绘龙虎山、百仙游等，都是基于龙虎山景区文化或者产品所打造的事件，达到了良好的传播效果，游客的反响也非常好。

最后，我们要明确，事件营销仅仅是提高旅游知名度和游览人数的一个有效手段，旅游景区切忌对此依赖太深。换句话说，事件营销只是让人知道景区，走进景区，而真正能让游客满意，进而成为景区"自来水"的，除了旅游景区专业的旅游设施硬件之外，最重要的便是软性的服务质量，也就是后续的景区体验。就像卖一个东西，你要先把人喊过来，至于别人体验后是否认同你的产品，就看你的产品品质和服务质量是不是过硬，事件营销扮演的就是"喊人"的过程。

所以，事件营销只是一个手段，最终还是要落到景区的体验上，完善景区相关配套设施，提高景区管理服务水平才是重中之重。

手记3.
景区如何策划大型主题活动

"生命在于运动，旅游在于活动"，这是旅游营销界的一句流行语。大型主题活动是景区品牌推广的一个重要手段，尤其是对于那种大景区来说，结合当地特点策划大型活动是一件必须要做的事情。这样的活动需要线上线下全媒体推送，动用多方面资源。作为大型景区，只有做这样的大型活动，才能在国内外产生影响和共鸣，才能彰显景区的影响力。中型景区迈向大型景区也需要策划一些这样的活动，形成家喻户晓的效果。

就目前来看，国内这种大型活动做得比较好的景区还不少，例如张家界。早在20世纪90年代，张家界就以"地球呼唤绿色，人类渴望森林"为主题，举办了张家界国际森林保护节。1999年，张家界景区在天门山成功举办了世界特技飞行大奖赛暨穿越天门洞活动，创造了世界旅游营销史上的奇迹。之后的冰冻活人、滑轮大赛、汽车漂移、顶级跑酷、自行车速降、蜘蛛人攀岩、达瓦孜传人走钢丝以及俄罗斯战斗机表演赛、翼装飞行世界锦标赛轮番登场，每一场活动都十分精彩。

尤其值得一提的是翼装飞行世界锦标赛。2012年10月，世界翼装联盟在天门山举办了全球首届世界翼装飞行锦标赛，来自美国、南非、新西兰、挪威等9个国家的15名顶尖翼装飞行高手轮流从海拔约1400米的天门山顶悬崖起跳，穿越群峰与索道，上演生死"大回环"。经过两轮激烈竞争，南非选手朱利安·布勒以23秒41的成绩夺得冠军。本次大赛被美国《时代周刊》评为"2012年度全球25项最棒的发明创新之一",这也是该榜中唯一一项在中国境内产生的"发明创新"。

此后,张家界每年都会举办一场世界翼装飞行锦标赛,现在已经举办了7届,比赛的观赏性以及超高难度引发了全球百余个国家知名媒体爆炸式跟踪报道。2013年,这个活动还获得了中国旅游总评榜之"年度旅游节庆、活动事件",为张家界景区带来了极好的营销效果。

我们前面说过,做景区营销不要为了单纯的推广而推广,要把景区当成一个平台,在这个平台上发生的任何一件具有新闻性的事件,都能为景区带来关注和流量。张家界的这种做法,就是把景区当成平台,利用当地的地形地貌,再结合一些体育赛事打造大型主题活动。这种活动的特点一是影响力大,全世界媒体都聚焦于此;二是具有不可复制性,在景区营销的竞争中形成了几乎无法突破的壁垒。

但现实情况是,并不是所有的景区都有张家界那么好的先天条件。其他资质比较"普通"的景区该怎么下手?通过这么多的大型主题活动,我们可以总结出几条经验。

一、明确目的和意义

需要在前期明确活动的目的和意义,以及想要预期达到的效果,并以景区现有的潜力条件为基础,根据当地的人文和地理条件进行精心的活动策划。需要说明的是,在景区活动前期策划的最初阶段,可以大胆想象,任何天马行空的创意都可以提出来。但在策划成型的阶段,却需要小心求证,调动各方资源,最终筛选出最符合活动主题和活动对象需求的可行内容,对策划能否实施这一问题进行详尽的分析论证。

二、要突出主题

主题是大型活动的灵魂,一个好的主题不但容易被人记忆,而且易于传播和扩散。因此，确定景区大型活动的主题一定要慎之又慎，因为活动内容、活动对象、氛围营造等都要以这个主题为核心。

三、明确内容

需要从实际情况出发，具体活动内容的确定要符合当地实际。在切合举办地的实力与承受能力的同时，要充分使活动的内容和形式具有前瞻性和吸引力，能够充分利用当地的特色，设计出更多、更好的活动项目，增加大众的主动参与和讨论。

最后就是具体执行的时候需要确认各工作小组负责人、组员，做到既分工明确，又相互协作。落实各项具体工作和责任人，并明确政府、居民和游客在景区大型活动中所承担的作用，协调相关责任方。

总之，打造大型主题活动需要以景区为平台和中心，调动政府、媒体、旅行社等各方面的资源，围绕某个鲜明的主题，进行体育竞技、歌舞表演、美食烹饪、民间技艺等形式的宣传活动，从而在政府支持、游客满意、媒体传播、商业契合等方面取得良好效果，实现景区形象提升、知名度提高、各方面收入增加等目标。经过长期或多次的举办，最终成为景区的名片，吸引大众参与，聚集人气，使大型活动成为景区长久的旅游吸引物，促进景区的可持续发展。

手记4.
景区如何进行新媒体营销

景区新媒体营销是指景区利用微博、微信、贴吧、抖音、快手、豆瓣、天涯社区等新媒体平台，以内容为核心，通过景区和游客在交流沟通过程中互相交换身份的时机获取景区市场客群的销售线索，例如客群的手机号码、微信号、邮箱地址、QQ 号、公众号粉丝、微博粉丝等线索信息，为在后续时间把客群转化为景区的消费顾客提供可能。

一、景区新媒体营销相较于传统媒体营销有以下特点

（一）低成本，全覆盖

新媒体营销实现低成本和全覆盖。对旅游景区而言，国内外任何一个角落都有可能因为网络连通而成为它的潜在市场，任何一个网络用户都可能成为其顾客。从景区市场范围角度考虑，新媒体营销真正意义上实现了全国甚至全球覆盖，且相对于传统媒体报纸和杂志的较高开支，其传播成本比较低。

（二）新媒体营销让景区和游客有好的双向交流互动性

新媒体改变了景区与游客之间的关系，由过去景区单方面宣传活动介绍自己转为游客也可以在游玩景区前提出意见建议，使游客与景区的提前互动得到了技术上的支持，游客不必受拥挤嘈杂与舟车之劳，出行前做旅游攻略时，可以闲坐家中点点手机、敲敲键盘、动动鼠标就轻松购买景区

旅游产品。游客还可以购买自己定制的产品，新媒体可以实现信息的双向沟通，在发布信息的同时就能够了解顾客的需求与反馈意见，随时改进产品，完善与创新服务。

（三）景区和游客之间信息对接及时性好

新媒体营销能及时掌握市场游客动态，游客对景区管理有意见和建议，景区可以及时优化，散客出游可以有自驾游、高铁+短程接送定制游等多种多样的方式。新媒体智能化可以快速、直观、大流量、高效地把景区当天当时发生的信息及时传播与更新，还可为游客提供大量及时权威的景区游览信息。同时游客也可以利用新媒体虚拟社群环境，与有共同爱好的朋友分享游览景区体验，写旅游攻略发微信朋友圈、抖音圈等，游客自己也成了自媒体，影响自己朋友圈群体成员的消费选择。此外，旅游景区还可利用新媒体多了解游客旅游过程中后期反馈的情绪意见和建议，及时根据意见建议提高旅游服务质量并做好危机公关工作，以谋求游客最佳游后口碑效果。

当前景区新媒体营销工作还有处在发展中的新鲜事物，还有很多不足和提升空间，需要有一个不断成长提高的过程。景区在新媒体营销时应朝以下几个方向努力。

二、景区要做好新媒体营销先要组建团队和搭建平台

组建景区新媒体营销团队，需招聘从事新媒体工作的人员。招聘的基本标准是，要懂市场营销、电子商务、顾客心理学知识，还要精通编写、策划创意设计制作和景区有关的新闻事件话题、策划开展不同的自带流量吸引眼球活动、信息发布、与游客建立情感、前沿客服以及危机监测预警、快速公关、能够不断生产信息内容并做好信息宣传出口把关监督工作。当然，这些工作不可能一个人完成，一般由新媒体推广专员、文案策

划专员、新媒体运营专员、渠道专员（BD拓展）、PR（媒介专员）五个岗位人员共同完成。由于景区管理人员专业水准有限，可以借助市场上的专业公司力量对以上招聘人员进行职业能力认证，并对新招聘人员进行培训，以确保新媒体营销工作更专业、更有效。

要做好新媒体营销工作，先要搭好景区智慧旅游平台，智慧旅游建设的水平根据景区的具体情况量力而行，以问题为导向，以"用"为原则，搭建好景区智慧旅游平台。比如可以用微信的应用小程序完成O2O线上预订，用一部手机在电子商务平台满足吃、住、行、游、娱、购多种需求，实现WiFi全面覆盖，等等。智慧旅游平台可以让游客在游前、游中、游后都能够很方便地与景区营销平台深度互动。

三、景区新媒体营销要做好传播内容的开发

新媒体传播方式为"点到点"，传播虽然方便可实施定制化营销，但存在信息碎片化、信息量大导致有效性差等问题，为此旅游景区应注重新媒体营销的内容开发。首先，内容开发应侧重传播已经在产品、价值、文化层面定位和设计的品牌形象内容，以统一对外品牌形象，可确保所宣传信息高品质、有特色，表现形式可以是一句概括景区特色的口号、一部景区影视宣传片、一首景区的歌曲、一部景区动画片、一款具有景区文化元素的游戏、各种不同表现角度的小视频等。在此基础上也要有30%左右的内容是创意创新的热点话题内容。热点话题内容具有较高的时效性，但往往只在极短时间内有被讨论的价值，让景区时不时有曝光度。

其次，景区要利用新媒体进行营销，传播的信息内容开发应系列化，避免信息碎片化。如可以是景区白天和夜晚、山水和文化、冬夏春秋特色各不相同的旅游产品，也可以是水上游、森林游、古村游、研学旅行、亲子游、银发游等对待不同对象的经典产品旅游线路，还可用文字、图片、视频展示各不相同的手段相结合。

再次，由于新媒体信息量大，景区要增强营销效果，必须注重传播信息趣味化，如可以是夜晚民族风情篝火晚会、白天沉浸式体验采摘劳动，以景区水资源为依托的4D漂流、花式泼水节、激流皮划艇比赛，以当地文化为背景的民族非遗歌舞表演、国风表演、祭祀仪式展现，拍摄一部非常流行的MV旅游宣传片等吸引眼球的传播内容，而且要紧跟时代潮流，不断进行营销信息内容制作创新。

同时，景区传播信息内容也可以用景区特色创意打造独有差异化IP代言产品。比如故宫创意打造的独有IP代言产品就很成功。故宫在超级IP的影响下，自营"朕知道了"纸胶带、"奉旨旅行"行李牌、"朕看不透"眼罩、"朕就是这样汉子"折扇、故宫文创口红系列等产品，IP文化创意产品以各种趣味、轻松、接地气的方式通过文字、图片以及短视频的形式讲述那些关于故宫的故事，推送给广大消费者。2019年，故宫所有文创产品全年总收入达15亿元。景区还可以不断挖掘景区IP形象，实现跨界发展，由IP辐射到漫画、动漫、网剧、影视剧等，通过动漫、网剧等吸引大量粉丝，形成粉丝引流，给景区带来粉丝经济的二次消费，提升景区的人气客流。

四、景区新媒体营销要整合合适的渠道形成传播渠道矩阵

新媒体营销很多渠道如微信、微博天涯、豆瓣、猫扑、知乎、哔哩哔哩、腾讯视频、秒拍、快手、抖音等，景区新媒体营销应该不是单一地通过某一种渠道进行营销，而是需要利用多种渠道整合营销。

各种渠道特点不同，比如微信包括订阅号和服务号，针对已关注的粉丝形成一对多的推送，推送的形式多样，包括文字、图片、音频、视频等，并且基于微信本身庞大的用户基础，传播效果遥遥领先于其他渠道；而微博较微信更为开放，互动更加直接，推送不受数量和时间的限制，形式多样，并且因其开放性而容易造成爆炸式的传播效果；再看天涯、豆瓣、猫扑社区，这些网站有其对应的用户群体，网站内部也有多种玩法，例如豆瓣日志、豆列、小组等，也具有良好的传播效果；问答平台知乎、分答更是重视内容本身，在站外搜索引擎上的权重较高，常形成用户分享信息的发源地；以哔哩哔哩、腾讯视频等视频网站景区品牌可以直达用户，更好地与传播内容相融合，并且可以通过弹幕等方式及时获取用户反馈；美拍、秒拍、快手、抖音等应用为代表，短视频符合受众的大脑接受和移动端使用习惯，在视频移动化、资讯视频化和视频社交化的趋势带动下，短视频营销正在成为新的景区，新媒体营销的风口。

旅游景区要做好新媒体营销工作，如何选配这些渠道呢？方法各不相同，还是应该根据所要传播的信息内容来选择渠道。内容信息确定后要分析你面对的用户，在开始选择新媒体营销渠道工作之前，要分析用户倾向，也就是说哪些用户倾向获取我们的内容。因此要分析你的用户，知道他们有什么需求，了解他们的使用习惯、阅读习惯是什么，再建立用户画像（如性别、年龄、地域、职业、喜好、需求等），根据用户画像选择恰当的传播渠道矩阵进行内容的传播。可根据用户反馈情况再加大与相应渠道合作的深度和广度。

五、新媒体营销要做好效果评测

新媒体渠道让景区和游客信息互动更对称，景区一定要非常重视新媒体营销效果评测。因为方便，大部分游客愿意在网上进行游后评论，景区也能很方便地进行服务质量调查跟踪。为保证景区在各种新媒体上的良好形象，景区应及时调查游客在网络上的评论反馈，采纳游客对景区的价格和服务质量等方面的各种建议，并及时回复，以不断优化景区管理，使景区产品不断推陈出新，服务质量和管理水平不断提升。

手记5.
如何做好散客市场

在过去的很长一段时间，团体游一直扮演着旅游的主角。团体游有着诸多优势，旅游者一般按旅行社制定的日程、路线、交通工具、收费标准等做出选择后，事先登记付款后，根据既定的时间去旅游，一切由旅行社去安排，不用劳神费心，缺点就是没有自主性，行动受到约束。

相比之下，散客旅游则自由得多，只需要通过旅行社办理机票或者车票，并预定旅馆等业务，其他都按照自己的意愿来行动，方式灵活，可选择性强，因此受到越来越多的旅游者的喜爱。尤其是随着团费的上涨以及黄金周高速公路免费通行，对于部分游客来说，"弃团自游"成为出游的选择。

旅游市场散客化的趋势，在近几年已经表现得很明显，散客将成为市场主体，已经是行业的共识。从多地景区接待情况看，团队游客相较往年下降明显，而散客明显增加。

2019年4月，环球网与深大智能联合发布《大数据看2019年清明假期旅游趋势报告》，通过清明节出行人数来看，2人出行占比为30.4%，情侣游和闺蜜游是相当一部分年轻人出游的首选，5人以下出行占比85.3%，散客旅游成为旅游市场业态趋势。

所谓散客旅游，是一种由游客自行安排旅游行程，零星现付各项旅游费用的旅游形式，人数多在5人以下。对于景区来说，散客旅游不是一个新鲜的概念，但是在实际旅游活动中，散客的表现多样，很难用一个很明确的定义来描述，不过散客都会呈现出一些共同的特征，如上面提到的旅游行程安排都具有自主性、灵活性和多样性的特征，旅游产品的购买强调"点菜式"或"量体裁衣式"，游客自愿结合，自定路线，"随走随买"，而非一次性付清旅行费用或完全被动接受既定的旅游项目。

一、根据旅游方式和内容，可将散客旅游划分为以下几种类型

（一）全包价散客游

这种旅游方式是指游客前期制定旅游计划，后期依托旅行社来完成的一种旅游。和团队游一样，全包价散客游通常也采取一次性预付旅游费用的方式，而且服务项目也基本相同，唯一的区别就是旅游行程计划完全由旅游者自己来制定，有相对的自主性，但在旅游过程中，游客的随意性和灵活性还是相对较差，需要根据既定路线来完成。

（二）半包价散客游

半包价旅游又称为选择性旅游，和全包价不同。半包价散客游是指旅游过程中的住宿和早餐、车站到饭店的接送或者城市间的交通由旅行社来安排，费用提前预付；其他旅游项目如导游服务、参观游览购物、欣赏文艺节目、品尝风味美食等可自主选择，费用可预付，也可在旅游过程中现付。相对全包价散客游，半包价散客游选择性和灵活性较强。

（三）半自助游

半自助游就是除了交通、酒店和旅游天数被确定外，游览内容、行程安排完全由游客自己决定，甚至许多半自助游产品中的交通、酒店和旅游天数也是有许多选择可以自由组合的，甚至连住宿都可以自己安排。此外，半自助游最大的优势是能享受机票、酒店的团队价。相比半包价散客游，半自助游更加自由。

（四）自助游

自助游是一种新兴的旅游方式，也是年轻人比较喜欢的一种旅游方式，这种旅游方式通常不与旅行社形成委托关系，旅游者自行前往旅游目的地，根据自己的旅游行程计划安排旅游活动。旅游者完全靠自己旅游，包括交通、门票、食宿等，一切都要自己动手。自助游最大的特色就是旅游内容自主性很强，每个人都有充分的时间来享受旅游中的乐趣，对旅游产品的购买是"随走随买"。

散客时代的来临，对景区来说是一件利好的事情，因为可以提高门票平均销售价的水平，但同时散客也给景区带来了诸多挑战。这种挑战是多方面的，一是如何获客，即通过什么渠道把这些散客聚拢起来，进而导流至景区；二是如何科学、合理地进行流量管控，以前团队游客相对是有组织的，导游在车上就讲清了注意事项，下了车有既定的游览线路，游客量接近饱和时，景区可以通知旅行社调整游览线路，然而在散客时代，这些招儿全用不上，这种管理的不确定性需要景区在客流分流措施上做出相应改变。

散客特别是自助游类型的散客，由于他们停留时间更长、频率更高、消费能力更强，也更愿意深入体验风土人情，带来的收入贡献将不仅是门票，而是"立体式"的，所以针对这些人，需要进一步开发二次消费项目和升级服务类型。

首先，针对他们量身定制景区攻略，并进行精准投放。其次，就是渠道打通。虽然旅游散客化已经成为一个大趋势，但很多景区并没有看到这一点。目前我国大多数旅游景区的营销渠道单一，以委托旅行社的分销方式为主。利用价格折扣的优惠，来争取进入旅行社推出的线路，形成了很强的路径依赖。还有一些旅游景区认为散客市场宣传揽客难、业务零碎，索性对散客市场漠不关心，甚至完全放弃。这种重团体轻散客的做法只会进一步压缩利润空间。对散客市场的轻视，就算现在影响不大，但对于未来，失去的可能是一块很大的市场蛋糕。

二、旅游景区如何针对散客来设计营销渠道

（一）充分利用原有旅行社的分销渠道

和旅行社达成合作，在旅行社设置景区咨询窗口，为散客推荐并定制高质量、多样化、个性化的旅游服务，并对散客市场进行及时追踪，做好相关信息反馈。

（二）进一步建立健全散客预定系统

尤其是在交通、住宿和游玩项目等方面，逐步建立为散客服务的网络预订系统，制定相关攻略，让散客可以通过互联网随时了解景区的交通和住宿情况。有条件的话，还可以搭建专门的景区旅游电子商务平台，接受散客的咨询和预订，并提供景区的最新信息。

（三）做好旅游指引工作

在景区所在的城市交通枢纽，如车站、码头、航站楼等主要区域设立醒目的中外文路标、指示牌、导游交通图等处，清晰地为游客标识景区的地点、方位和距离，方便散客旅游。

（四）在景区散客的主要客源城市设立咨询中心

提供咨询帮助和代购交通票、代订客房等服务，或开通旅游信息咨询专线电话，回答散客关于景区旅游的相关问题。

针对散客的渠道还有一些其他的做法，比如直通车，一种更适合大众的、成本更低的方式。龙虎山有一些直通车政策，主要针对散客，对那些没有报团而又想来景区旅游的游客，直通车的出现大大提供了方便。对散客市场来说，直通车还有很大的拉动作用。以后我们会继续加大龙虎山景区散客旅游直通车的扶持力度，形成固定的散客线路产品，通过直通车带动散客客源的增量。

手记6.

如何做好老年人旅游市场

国家统计局发布的数据显示，2020年我国的人口总数为140005万，从人口的年龄构成来看，16至59周岁的劳动年龄人口为89640万，占总人口的比重为64%；60周岁及以上人口为25388万，占总人口的比重为18.1%，其中65周岁及以上人口为17603万，占总人口的比重为12.6%。

据预测，老年人数量正在进入增长的高峰期。预计到2026年，我国60岁以上老年人将达到2.8亿左右，占人口总数的18.46%左右，2050年将达到4.2亿左右，占人口总数的29.8%左右，从而步入高度老龄型国家的行列。

一般来说，退休后的老年人有着更充足的时间，"有钱""有闲"是他们的标签，因此，他们的出游意愿也更加强烈。

一、老年旅游市场潜力巨大

（一）人口老龄化红利

一方面，从上面的数据来看，老龄人口在不断增长，为旅游业带来巨大的流量，另一方面，随着经济的发展和生活水平的提高，老年人有充足的资金去旅游，也有充足的时间去旅游，对于旅游市场来说，这无疑是一件利好的事情。

（二）旅游观念的改变

"世界那么大，我想去看看"已经不是年轻人的专利，老年人的观念也在不断改变。现在越来越多的老年人愿意走出家门去旅行，看看外面的世界，结交更多的朋友，而不是局限在生活的圈子里。这一现象也促使老年旅游得到进一步发展。

（三）儿女表达孝心

俗话："百善孝为先"，对父母尽孝是中国传统文化的核心价值观。随着经济的发展和职场竞争压力的加剧，很多人因为上班等原因不能陪在父母身边，所以替父母预订旅游产品，送父母出去旅游成了子女表达孝心的方式。之前看到过携程的一组数据，儿女每年给父母的旅游花费平均达到3000元，最高超过10万元。

多种因素作用下，越来越多的老年人选择外出旅行，让"爸妈游"也发展得越来越迅速。

二、针对日益庞大的老年旅游市场，景区该如何做

（一）在营销手段方面

要充分贴近老年游客心理，用多重营销手段和营销方式抓住老年客户，比如对老年人可以宣传结婚纪念游，资源丰富的景区可以主打养生健康绿色游，或者同学聚会游，等等。这些主题游本质上和前面所提到的营销主题是一样的，只是受众群体由年轻人变成了老年人。当然也可以针对子女，从子女和亲戚入手进行"爸妈游"营销，让他们主动订购旅游产品，尽自己的一份孝心。

（二）在营销渠道方面

老年人退休后的时间相对宽裕，所以在出游时间的选择上会更加自由、灵活。相对于主流旅游市场高峰期集中在10月和春节，他们出游的时间多集中在3—6月和9—10月，呈现出明显的"错峰"趋势。但是据观察，老年人出游有一个特点，他们还是以传统的旅行社为主流，因为他们多数不会自驾游，也不太懂网络，所以要么选择直通车团队游，要么是通过高铁或绿皮火车专列团队游玩。他们更偏向于线下预订、电话预订以及门店预订，这三种方式占总量的62%。针对这一现象，景区还需加大团队游大巴车、直通车、专列这一块的力度，无论对前面提到的年轻市场还是对老年市场都有很大的提升。

（三）在旅游体验方面

由于年龄、阅历、喜好等因素和年轻人不一样，因此老年人旅游群体的需求有一定的特殊性。和年轻人相比，目前老年人还是非常看重价格和产品的性价比，以及旅游中的感受和服务品质。虽然此前像携程、途牛都曾推出过"爸妈游"产品，但是由于他们对老年游客群体的旅游需求没有深入洞察，因此在餐饮、安全措施等方面出现过很多问题。所以，景区可以推出适合老年人的旅游线路，以舒适、轻松旅游为主。可以有登山，但要合理安排时长，运动剧烈的项目或者惊险刺激的项目不要带入旅游线路中去，有安全隐患，不太适合老年人。

（四）在宣传报道方面

要以报刊、电视、广播等传统媒体为主，要符合老年人的思维习惯和阅读习惯，同时，也不能忽视新媒体营销。现在老年人中智能手机普及率高，有些老年人也是今日头条、微信、抖音、快手等新媒体用户，虽然占比不多，但是利用这些宣传渠道会让传播更为立体。

还有一个有趣的现象，现在大家都在谈"超级用户思维"，其实很多时候，老年旅游群体的"超级用户"很容易培养出来。要知道，有些老年人话比较多，而且他们没事的时候都会拉拉家常，说说自己最近的经历，出去游玩一次都有可能让他和邻里聊上好几天，而一次有着完美体验的旅游可以让景区多出十几个乃至几十个忠实的宣传者，且更容易实现"口碑"宣传效应。

"银发经济"正在到来，随着社会老龄化的加剧，将来必定会迎来老年游市场的繁荣期。就目前来看，老人游已成为旅游市场的新"蓝海"，但眼下针对老年人的旅游产品比较少，谁走在前面，谁就会赢得未来的旅游市场。

手记7.
如何做好景区渠道建设

景区营销人应该都听说过这么一句话："得渠道者得天下。"可见渠道对于景区营销的重要性。

在景区营销过程中，媒体宣传堪比空中轰炸，主要目的是激起游客对旅游产品的购买欲望，而渠道营销则是地面推进，目的是解决游客如何到达景区的通路问题，二者缺一不可。景区营销只有通过地空联合"作战"，才能达到最佳的营销效果，才能将无形的宣传转化为可量化的景区游客数量的增长。

在旅游营销中，关于游客通路的渠道建设与组织至关重要。渠道建设是否得当，关系到景区生存和发展的命脉。随着旅游市场的散客化趋势，以及景区竞争白热化程度的加剧，景区渠道也在经历着同样的变化。在每一轮的竞争与变革中，渠道建设都扮演了非常重要的角色。渠道建设得当，景区就会迅速发展；反之，渠道建设不当，景区发展就会停滞不前，甚至难以生存。

从整个旅游市场的现状来看，未来景区的渠道大概分为四类，一是传统旅行社渠道；二是OTA网络在线商务销售渠道；三是自驾游等散客渠道；四是异业渠道。这四类渠道将会瓜分未来的旅游市场。作为景区，如何在激烈的旅游市场竞争中掌握先机，进而制胜渠道终端？我认为可以从四个方面入手。

一、优化传统渠道结构

虽然说散客化是一个未来大趋势，但是在当前，由旅行社组织的游客仍然占据着全国游客出游的相当比例，旅行社组织的团队游仍是全国许多景区重要的客源，哪怕在未来十年内，传统的旅行社渠道依然会占据市场相当大的份额。由此可见，在景区的渠道营销当中，旅行社的渠道营销是一个重点。

不过国内旅行社存在诸多问题，比如说综合实力、运作特点、管理模式等方面的问题，而且旅行社大小不一，良莠不齐，再加上旅游产品销售的综合性，导致景区无法有效控制旅行社的销售渠道，不利于产品在竞争中形成价格优势。

因此，从管理层面，景区渠道结构要向扁平化方向转变，要避免出现肆意承包和家庭作坊式的旅行社，要削减景区和旅行社中间的多层结构，简化渠道销售模式，提高销售效率，让信息得以准确、及时地反馈，同时让景区的销售政策得以有效地执行落实。从成本层面，旅行社渠道扁平化可以缩减销售成本，避免不必要的支出，从而增大景区的利润空间。旅行社渠道扁平化是景区系统平台和系统营销能力的体现，更有利于景区渠道管理的精耕细作，这是景区未来的发展方向之一。

二、多元化布局渠道模式

传统的旅行社渠道虽然仍称霸旅游市场，但并不是唯一的渠道，新兴的电子商务渠道和自驾游分割了传统旅行社渠道的市场份额。目前全国旅游网站达数千家之多，携程、驴妈妈、途牛、同程等快速崛起，更坚定了新兴渠道的发展。近几年来，传统旅行社渠道也建立了自己的在线电子商务平台，在线旅游电子商务网站则反向发力，涉足传统旅行社；自驾游市场也不甘示弱，紧随其后纷纷布点、开店，抢夺市场资源。

异业渠道异军突起，具体来说常见的异渠道有：

（一）体育+旅游

例如上海老年体育委员会旗下有广场舞协会、太极拳协会、旗袍协会等各类组织；整合景区旗下的资源，联合体育局策划活动，为对方提供活动的场地和策划活动的内容，为景区带来人气和消费。

（二）协会+旅游

例如上海老年协会、上海老年学会旅游专业委员会、上海老教授协会、上海老记者协会这些协会都有着大量的有钱、有时间的会员，为其策划产品、组织活动、提供活动场地，实现景区的人气和消费。

（三）俱乐部+旅游

例如广东自驾游俱乐部、奔驰车俱乐部、搜美自驾俱乐部、广东宝马车俱乐部。俱乐部汇聚的都是中高档消费人群，联合俱乐部策划产品，组织大型系列自驾活动，为景区带来高消费以及二次消费。

（四）医疗机构+旅游

例如针对特殊的业务，同医院单位和医疗机构进行合作做康养业务，开展5至10天的康养旅游团，医疗机构进行相应指标的检测及官方发布。对景区营销可以起到直接的宣传作用，并提升消费和人气。

（五）快消品+旅游

例如市场的快消品渠道铺设得非常广泛，基本都是深入农村，而且都是直接面对C端，充分结合快消品的渠道把景区的产品售卖出去，买三箱王老吉凉茶送一张门票，买一张门票送两盒汤臣倍健，售卖景区门票的同时，可以直接有效地提高景区的知名度。

未来的中国旅游市场，肯定是旅行社、在线网络、自驾户外、异业四种渠道并驾齐驱的一个状态。提前布局，打造多元化的渠道模式，是未来景区渠道建设的一个重要课题。

三、渠道终端个性化转变

一方面，随着旅游行业电子商务的到来，为消费多样性和个性化的渠道终端提供了可能；另一方面，80后、90、00后消费者对景区产品和服务的需求复杂多样，而且是经常变化的。

因此，旅游景区必须注意研究消费者的市场需求，并预测其变化趋势，比如市场终端客群有些向个性化定制转变的现象。对景区渠道商来说，针对消费者进行个性化产品定制，不仅可以减少中间环节，而且由于个性化的旅游产品价格缺乏弹性，可以为渠道客户带来较大的利润。渠道布局是一场战争，而谁在这场战争中率先抢占个性化这块"战略高地"，谁就在这场战争中播下了成功的种子。

四、强化景区和渠道之间的关系

无论什么行业，争取一个新顾客的成本都要远远大于保持老顾客的成本，所以建立并维护和顾客之间的关系就显得尤为重要。很多景区在对旅行社的渠道营销中，给客源地的某些大的组团社特殊的"价格政策"，这是强化景区和渠道关系的一个手段。

除了低价之外，景区渠道还可以采用"一对一"营销，通过数据管理，建立起大客户目标群的档案，帮助渠道了解更多的关于景区产品线路的信息，通过实行"许可营销"或"独家代理"来培养渠道的忠诚度，进而形成战略同盟合作关系，实现景区与渠道商的共赢。

就目前来看，相比其他行业，国内景区渠道建设无论是理论还是实践，都处于比较初级的阶段，没有形成一套相对完善的体系。这表现在渠道的精细化管理程度不够，渠道建设及发展模式不清晰等诸多方面。其实每个景区在不同的发展阶段和不同的客源市场，都面临着不同的渠道选择问题，只有合理布局渠道，发展适合景区的渠道模式，才能避免不必要的资源浪费，促进景区向更好的方向发展。

手记8.
景区住宿业营销思考

　　2019年（2020年受疫情影响数据非正常，因此取2019年数据）全国住宿业设施总数为60.8万家，客房总规模1892万间。其中酒店业设施33.8万家，客房总数1762万间，平均客房规模约52间，酒店业设施和客房数分别约占我国住宿业的56%和93%。其他住宿业设施27.01万余家，客房总数130万间，平均客房规模约为5间，其他住宿业设施和客房数分别约占我国住宿业的44%和7%。

　　由于景区地理位置、气候影响造成来客量淡旺季差异大，造成景区住宿业入住率也存在淡旺不均的现象。因此景区住宿业与城市普通的住宿业有着较大的差异。景区住宿业主要的服务对象是到景区来的游客，所以其经营状况受景区本身游客量的影响极大。目前大部分景区游客人数都存在明显的淡旺季的区别。在重要的节假日，如周末、春节、五一、十一黄金周期间选择出行的旅游人数较多，基本是各个景区的旅游高峰期，景区住宿和餐饮等服务设施供不应求。相反在非节假日期间出行的人数较少。景区淡旺季造成景区住宿业的淡旺季，旺季景区的住宿业往往人满为患，而在淡季景区住宿业往往入不敷出。因此景区住宿业的营销不同于一般的酒店营销，根据我在景区管理住宿业的经验提出以下几点建议。

一、对景区住宿业产品进行合理规划和提升

（一）对景区住宿业产品设施建设进行合理规划

由于景区淡旺季明显，因此星级酒店、乡村农家住宿和特色民宿的土地使用和建设客房数需要根据景区产品的客源特点来规划，以高端、中端、低端市场客房需求来合理规划配置。

这样不但满足了不同的游客体验，为景区住宿业的发展带来巨大潜力，同时也为景区住宿业的营销也打下良好的住宿产品基础。比如武夷山景区茶叶交易商务客人多，景区中高端星级酒店就规划多一些，婺源景区来欣赏乡村美景的客群占比大，那乡村农家住宿和特色民宿客房总数超过星级酒店数。当然乡村农家住宿和特色民宿也有星级标准，其住宿条件、餐饮美食和服务特色和星级酒店比也各有千秋。

（二）景区住宿业产品不断提升

想实现景区住宿业的提升，就要依托景区资源实际情况进行不断创新。一是在文化方面。景区住宿业相当于景区的产业链上的一环，游客住宿消费，不仅享受的是物质上的服务，更重要的是能通过住宿体验的自身特色来感受当地的文化氛围。所以，景区文化在景区住宿业的发展过程中往往有着非常重要的作用。住宿文化的打造在一定程度上可以说是景区文化综合实力的体现，甚至还体现了当地的政治、经济等各种情况。可以将住宿产品与景区更好地融为一体，让游客时时陶醉在住宿文化氛围中。二是在酒店客房设计方面。景区酒店在客房的设计上，可以根据景区的特色，精心设计。将房间的内部装饰进行创意设计，可以将景区文化和风景元素与客房设计融合，表现方式可以采取写实、抽象等多样方式。例如在少数民族地区，还可以将少数民族具有鲜明民族特色的装饰，布置在客房，增强客房的文化氛围。三是在住宿体验方面。人们物质生活水平不断提高，游客在精神和文化层面的追求也随之不断提高，这一追求也会体现在外出旅游时对住宿的要求上。过

去大家选择住宿的时候可能注重的是经济实惠，但是现在对住宿的环境、配套设施等方面都提出了新的要求。这就需要景区住宿有更好的体验项目，要进行体验项目升级。比如我们现在经常说农家乐不行了，其实这种说法不完全对。传统的农家乐在现在的旅游环境下发展是很艰难，但是有一些农家乐却进行了升级，做成精品民宿，让高、中、低端不同层次的游客有着不同的体验，满足了不同游客需求。四是在景区住宿业餐饮文化方面。住宿业在菜品方面也有很大的创新空间，人们出去旅游，往往喜欢尝试当地特色的美食，可以根据当地的饮食特点，对菜品进行合理的创新设计，有些菜品也可以和景区餐饮文化特色结合，让游客品尝到美味佳肴，同时也感受到独特魅力的美食文化。在预订、点菜、结账等服务过程中，主动采用最新的科技手段提供便捷服务提高客人满意度。

二、景区住宿业在对外营销中价格是重要杠杆因素

客人来景区住宿首先关注的是住宿的价格，但是不管是酒店还是农家住宿为招徕游客价格可以优惠，总之亏本生意不能做下去。这就决定住宿房间价格要在住宿盈亏平衡线上，房间价格优惠应在合理范围。

因此营销当中使用的浮动价、保本价、团队价、超值打折价就应运而生了，这也是近年来造成住宿业压价占领市场、竞相削价引发业内议价，定最低保护价反倾销的原因。

景区住宿业在最低议价的底线下如何获取更多的利润，寻找获利空间在于降低成本和做住宿业的消费延伸，比如景区的特色美食，不少住宿业就是靠一套或者一个特色产品不断发展壮大的。比如千岛湖的绿色生态鱼宴吸引众多游客前往休闲度假品尝鱼宴美食。湖南雪峰山花瑶文化美食，花瑶姑娘唱着山歌与游客互动拦门米酒，长桌宴上的腊肉、猪血丸子、大片油豆腐、富硒猕猴桃、富硒蔬菜、富硒大米饭等引得游客络绎不绝，雪峰山上农家住宿赚得盆满钵满。再比如农家住宿，由于农家住宿从土地、建设、餐饮原材料、经营管理等常常都是农家自己完成，因此在劳动力、房产折旧、餐饮成本方面在景区住宿中有较强的价格调控空间和盈利能力。

三、景区住宿业促销

（一）住宿业促销应该注重销售员培训培养

酒店销售员有专门从事这项工作的人员和酒店每个和顾客接触的人员如前台服务员、大堂经理、餐饮部服务员、会场服务人员等，为增加销售他们都可以向客人介绍酒店相关产品情况并提出建议，所以酒店应该全员进行销售培训。酒店专业销售人员应采取专业销售服务说服消费者购买酒店住房等产品，吸引公司和团体客户来酒店消费。

农家住宿和民宿由于单家体量较小，因此可以成立营销协会进行联合营销。

（二）住宿业做品牌形象和渠道落地宣传很有必要

对景区住宿业中的酒店来说应该做酒店品牌形象宣传和渠道落地宣传，但是各民宿、农家住宿设施比较分散，小范围做广告宣传起不到很大的效果，大范围做广告成本又太高，并且投入产出的效果还不一定能达到预期效果。

因此景区住宿业可以和景区上下游产品进行联合宣传推广，这样一起做宣传效果会更好。比如住宿业和景区景点是可以把住宿业房间和景点门票捆绑在一起形成景点+住宿酒店产品对外销售。

（三）新媒体宣传营销是景区住宿业对外营销的良好手段

随着新媒体技术的应用普及，各种新媒体平台的推出，为景区住宿业的营销升级提供了良好的技术支撑，景区住宿业可以根据自己的特色借助微信、微博、今日头条、抖音、快手、短视频等新媒体平台进行营销方式创新。根据景区住宿业目标细分客源市场大数据对市场客群进行精准营销。并通过住宿业联合进行网络活动创意、网红直播等手段为景区住宿业提高入住率和创收能力。景区住宿业淡季新媒体营销，出台针对不同客群的淡季营销政策，在价格优惠、性价比较高的活动等方面发力。景区住宿业还可以与景区一起进行新媒体营销，参加景区的宣传活动借力宣传营销住宿产品。

手记9.
景区营销人才培养

21世纪景区发展最重要的是人才！一切竞争，归根结底是人才的竞争，景区发展营销人才最为重要，旅游景区产品建成后能否实现市场火爆销售，与营销人才有着相当紧密的关系，所以，除了前面所说的那些营销手段和方法之外，景区营销人才培养是关键，这是景区营销的基础。从前期的策划到后期的落地执行，景区营销都是需要发挥人才的主观能动性的，有好的营销人才，景区营销可以起到事半功倍的效果，营销的资金投入能够得到有效的利用，景区品牌形象会迅速树立，经济效益也会随之增长。因此，对旅游景区来说，营销人才至关重要，要高看一眼厚爱一分。

关于景区营销人才的培养，可以从以下几个方面入手。

一、为营销人员搭建一个好平台，留住营销人员的魂

平台的差异对于一个人的职业发展是有决定性作用的。相比其他行业，景区因为体制及发展阶段等因素，旅游营销人才素质高低不同，地处偏远的山岳型景区尤其如此。由于国内景区快速增加，近年来旅游营销人员短缺，造成景区招聘水平高的营销人员难，但是从事景区营销工作因为其特殊性对专业水平的要求还是很高的，由此景区从薪酬、上升渠道等方面打造一个好的营销人员工作平台，恰恰可以留住旅游营销人。在这个平台上，员工能够获得提升的空间和成长的机会，通过营销实践实现自身价

值，并且可以看到自己的发展前景，这对于激发营销人员的潜能和工作积极性有着极大的促进作用。

二、提高薪酬待遇，保障营销人员的薪酬优于一般员工的薪酬水平

有句话说得好，只谈理想奉献不谈薪酬待遇的企业都是留不住人的。实践证明我们太多国有景区留不住优秀的营销人才，就是这个原因。人才也是凡人，也要解决自己和家人的衣食住行等基本生活所需，营销人员常年出差，牺牲亲情顾不着家，不保障其较优生活待遇，是留不住他们的，要让他们虽不能顾家但能乐业。所以，提高薪酬待遇是最为行之有效的留人办法。景区在营销计划中可以设立明确的薪酬奖励：例如在上年门票收入基础上，从增长中抽取提成奖励成绩优秀的营销人员等多种多样的方式。

三、从细微之处关心营销人员，留住营销人员的心

薪酬待遇到位了，工作中也需要培养、磨合感情，对营销人员感情培养还不同于常规的管理，需要去厚爱一分，真爱换真心。人与人之间的关系是互动的，人是有感情的，知恩图报是中华民族的传统美德。留人心的方式有很多，关键是让营销人产生一种对企业的归属感，这样他们会把自己视为企业团队的一部分。此外，还可以通过不定期的团建增强团队精神和凝聚力，这些美好的时光会让员工感受到团队的温馨与同事之间的团结，最终会对工作环境产生影响，形成一个积极向上的工作氛围。通过这些方式可以拢住营销队伍的心，带好队伍做到上下一同努力，这样营销工作才会开好花结硕果。

总而言之，不懂得尊重营销人才的景区，即便占有再好的旅游资源，前景也不会太好；不会合理使用营销人才的景区，就算一时强势，也不会做大做强；不愿意给营销人才优厚待遇的景区，也许有一时人流，但不会长久，从长远来看，终究留不住营销人才。只有通过留魂、留心，对景区营销人员厚爱一分，才会让景区营销越来越红火。

手记10.
如何撰写景区营销方案

一、景区产品分析介绍

主要从吃、住、行、游、娱、购、商、学、养、闲、情、奇十二个要素去分析介绍景区产品的特点特色，既可以分析介绍山水等自然资源观光产品，也可以分析介绍博物馆、宫观寺庙等文化产品，还可以分析介绍实景演出、古镇街区等沉浸式体验产品。

根据景区一年四季的产品包装组合分析介绍团队、散客旅游产品、与周边景区连线的线路产品、专项旅游产品等健全的旅游产品体系。

二、景区旅游市场分析

（一）国内大营销环境分析

旅游市场营销环境包括营销微观环境和宏观环境。微观环境由游客、合作商、同类型竞争景区、周边合作联线景区等要素构成；宏观环境由政治法律、经济运行、社会因素等社会力量构成。分析市场环境可以帮助我们了解市场营销的机会和风险，认清市场形势，进而适应市场环境，发掘市场机会，灵活调整营销策略。

（二）景区客源市场分析

常见的景区客源市场划分都是按照距离景区的远近来划分的，把距景区200公里以内的地区定位为核心一级市场，距离200—500公里的地区为二级市场，距离500公里以外的为远程三级市场。据国家旅游统计数据研究报告显示，全国独立的旅游景区目的地500公里市场范围内的年来客市场份额普遍占景区全年总来客量的80%。除根据距离景区的远近划分一、二、三级市场，市场划分还可以在不同级别市场内分类为重点核心市场、次核心市场、重点开拓市场、普通维护市场，比如一级市场中景区周边100公里范围内的区域和省会城市为重点核心市场、100—200公里的市场为次核心市场。针对景区产品资源特色、区位分布、品牌知名度、市场认知度等优劣势进行系统了解分析，并分析历年一级至三级市场品牌宣传、渠道分销、客源数据等，分析景区市场环境可以帮助我们做好品牌定位、市场定位、渠道分销，制定符合景区的营销策略。

三、形成营销方案的总体思路和制定景区目标任务

通过国内旅游景区大营销环境分析和景区客源市场环境分析，按照省、市及景区发展要求形成下一年度营销方案的总体思路。根据总体思路分别拿出景区营销目标、策略、措施、预算等具体思路。

根据营销方案的总体思路及景区所处发展阶段分析设定景区目标，对于第一年上市的新景区可以根据营销方案的总体思路参照周边同类景区的经验设定三年培育期目标。对于已经经营三年以上的景区，可结合景区前三年来的客人数和收入提出下一年度人数与收入完成目标，常规目标增长率为上一年度的10%左右，力争完成年增长率20%左右；针对制定好的人数和收入目标，先按照团队任务、散客任务、OTA三个类别划分，然后再细分到景区的一、二、三级市场及各级市场的分市场。

四、市场营销措施

（一）品牌营销

1.坚持品牌形象宣传先行的市场营销策略。根据目标市场范围和品牌宣传主题定位，确定下一年度品牌形象宣传目标，制定下一年度品牌形象宣传计划，通过不断地进行品牌形象宣传，逐步形成景区品牌形象在目标市场的影响力。

2.确定品牌宣传主题口号。根据景区的自然人文资源特性，依据品牌形象定位创意设计出既个性化又差异化而且能够充分体现景区优点简单易记的品牌形象口号，如"拜水都江堰、问道青城山""感受黄山、天下无山"等；同时可以根据各个不同目标市场，制定若干子品牌；还可以打造自驾、体育、研学等子品牌，比如井冈山景区的红色文化研学旅行品牌，西藏旅游的自驾旅行品牌。

3.品牌形象宣传。首先在景区范围内要做好景区品牌形象氛围营造宣传，比如张家界景区的整体旅游品牌形象宣传氛围就做得非常好；其次对于在景区核心一级市场的城市，除在新媒体上做品牌形象宣传，还要在传统媒体高铁、机场、公交车体、车载广播、城市中心位置LED屏幕等核心品牌形象宣传资源上做好品牌形象宣传；省外二、三级市场主要在全国性央视媒体和新媒体品牌形象宣传资源上做好景区目的地品牌形象宣传，还要在二级市场的城市电视台、当地新媒体做品牌形象宣传；另外对接邀请全国性影视和综艺节目剧组到景区拍摄也能进行品牌形象宣传，如央视6分14秒的视频《锦绣山河·秀·重庆洪崖洞》带火了重庆洪崖洞景点；还可以举办大型节庆活动，也可以承办旅游行业重点大型论坛和赛事等进行品牌形象宣传。

（二）建立景区渠道营销

建立符合景区的渠道分销模式，选择散客合作渠道并宣传合作渠道；

建立渠道资源的维护管理模式，发挥渠道营销在景区市场营销中的作用。渠道合作模式主要有以下几种。

1.**代理渠道合作模式**。主要针对品牌知名度不高、市场长期低迷、合作渠道较少的旅游景区，先通过区域独家代理，迅速铺开销售网络，占领市场份额，再根据市场开拓程度，适当增加渠道代理商；目前大部分中小型景区采用这种合作模式。

2.**广泛性客户合作模式**。主要针对品牌知名度高、在市场有一定品牌号召力的旅游景区，目标市场出现卖方市场现象时，市场需求反逼渠道销售。

3.**建设景区市场渠道**。（1）拓宽销售渠道，做好传统旅行社渠道、媒体渠道、异业渠道、OTA等渠道合作；（2）建立资源梳理、拜访、互动等管理模式，维护渠道客户关系；（3）制定市场营销策略，包含散客购票策略（线下和OTA价格）、团队购票策略（返利策略，老年团、学生团、直通车、自驾游、大型活动团、专列团、飞机团策略）、异业合作优惠策略等，根据市场实际情况，灵活组合运用策略开拓市场。

4.**活动策划推广**。围绕景区自然、人文特色，结合时下热点、节庆等，策划品牌类、渠道类、异业类、事件类四大类活动；通过活动推广景区产品内容、产品特色，以及一些参与体验类活动内容，增加景区产品附加值，为景区引流客源。

5.**网络营销创新**。随着现代科技的迅速发展及人们生活习惯、获取信息方式的改变，新媒体已经成为时代主流，旅游景区更加需要结合市场营销策略充分利用新媒体资源，根据瞬息万变的市场动态随时通过新媒体进行更新，开展网络宣传营销推广；通过事件营销策划提高网络宣传声量，迅速全面提升景区网络曝光量，比如"九寨沟小萝莉"事件、"丁真"事件、"花样奶奶"营销事件等；维护运营好景区官方微信、微博、抖音等官方媒体宣传平台。

五、工作保障

（一）营销经费保障

根据营销目标任务、营销措施、宣传计划，做好团队奖励、宣传推广、活动策划、差旅物料、网络营销等费用，通常营销经费预算为营业收入的10%—15%。

（二）营销队伍保障

按照营销目标、区域划分、营销工作计划，制定营销机构设置、考核奖励评估机制。

案例1.
杭州宋城景区品牌打造

　　作为目前中国最大的民营旅游投资集团，以及中国先进休闲理念的倡导者和大型休闲区开发的实践者，宋城集团以创建中国旅游休闲第一品牌和打造大型城市休闲社区为目标，形成了以旅游休闲和房地产为两大主业，以文化教育为新的增长点的产业格局，总资产现已超过60亿元。

　　宋城集团的主业是旅游休闲业。目前宋城集团从单一景区向多元化大型休闲区发展。从单一领域向跨区域延伸，其开发项目打破了杭州长期以西湖为中心的传统旅游格局，仅在浙江就构建了浙江旅游休闲业的主流产品"山、海、城"和"西湖观光，宋城怀古，休博园（杭州世界休闲博览园）度假游"的杭州主流旅游线路。龙泉山的"山"，是集森林旅游与山地会议中心功能于一体的休闲度假区；中国渔村的"海"，是中国最大的原生态海洋文化旅游项目；以杭州为中心的城市休闲旅游的"城"，包括休博园、宋城和山里人家。值得一提的是，宋城集团于1996年5月18日开放浙江省第一家主题公园——杭州宋城，不仅打破了杭州长期以西湖为中心的传统旅游格局，更取得了良好的经济效益。同时，该集团斥资数千万元打造的大型歌舞《宋城千古情》，每年观众逾100万人次，已成为杭州的标志性演出。"山、海，城"等旅游产品在很大程度上丰富了宋城景区的旅游产品内容，为景区注入了新的活力，延伸了景区的旅游产品线，延长了景区品牌的生命周期。

宋城集团在做好旅游休闲业的同时，凭借其较高的知名度和较好的美誉度，充分利用已有的宋城景区品牌的影响力，将品牌延伸的领域拓展到景区以外仍与旅游相关的房地产业，进一步将宋城的品牌做大、做强。

宋城集团在倡导和实践景观房产、大型休闲社区、休憩商业区的理念下，运用自身优势形成了全套解决城市休闲旅游和文化娱乐配套功能开发的全新模式，如休博园、苏黎世小镇、地中海别墅、威尼斯水城等。特别是作为中国首个RBD，被誉为"一座飞进未来的城市，一个休闲王国、游乐世界、购物天堂、人居乐园"的杭州世界休闲博览会的主会场休博园，其建成对中国休闲经济的发展产生了重大影响，将成为中国新一轮城市建设的典范。

宋城景区在品牌发展的成熟期，及时、大胆地进行了品牌的延伸。值得称道的是，该景区的品牌延伸不仅仅局限于旅游业，而是由单一领域伸向跨区域，这无疑给品牌注入了源源不断的活力，极大地延长了品牌的生命周期。当然，这种做法是需要很多条件的。其中，原有品牌的较高知名度和较好的美誉度是必不可少的。

案例2.

龙虎山"花样奶奶"营销事件

2016年堪称龙虎山营销的丰收年，景区第一个季度就获得了亮眼的营销成绩，"寻梦仙女南昌地铁快闪""龙虎山光绘摄影"和"龙虎山花样奶奶"三个大事件贯穿春季传播始终，均获得了极好的传播效果，使龙虎山成为2016年春季最吸引眼球的景区，其中，针对龙虎山景区的新景点"花语世界"所做的"花样奶奶"营销尤为经典。

每年春天，在旅游旺季到来之前，龙虎山都会做"春季主题推广"，快速引爆网友和游客对龙虎山的关注和兴趣，为即将到来的旅游热潮增温做铺垫。当时适逢龙虎山打造了一个新的旅游产品——花语世界，需要策划一个爆炸性的事件，进行景点知名度的提升，"花样奶奶"这一热点营销事件就是在这样的背景下产生的。

四位貌美如花、打扮时髦又不失优雅的老奶奶，以龙虎山为背景，在片片花海里拍摄出一张张唯美的照片，随后，这些照片配合着"80岁'花样奶奶'这样玩，网红没活路了""80岁'花样奶奶'春游龙虎山，秒杀一切网红！"等话题，登上了各大网络媒体的头条，也刷爆了朋友圈，甚至还火到了国外，被海外一些华人媒体频频转载。它在扩大龙虎山知名度、美誉度和品牌认同度的同时，还很好地推出了龙虎山新的产品项目"花语世界"，着实算得上一次不错的网络营销事件。

从传播效果来看，"龙虎山花样奶奶"首先获得了央视新闻、《人民日报》、《中国日报》、《环球时报》、《环球人物》杂志、新华网、中国网、中国新闻网、人民网等中央级主流媒体的支持，此外，《南方都市报》、《北京晨报》、《成都商报》、《半岛晨报》、《华西都市报》、江苏新闻、《四川日报》、《温州都市报》、《西安晚报》、《燕赵都市报》、《新快报》、浙江在线等十分接地气的各城市都市新闻媒体也非常喜欢此题材，纷纷跟进转载。辽宁卫视、东南卫视、江西卫视等电视台的新闻或都市快讯类栏目也着重报道此事件。外形优雅、精神头十足的"龙虎山花样奶奶"甚至进入了海外华人媒体圈，《人民日报》海外版、《中国日报》等媒体均有大篇幅报道。

据不完全统计，共有300多家权威媒体主动报道和推荐了"龙虎山花样奶奶"，再加上微信公众大号的主动转载，该事件影响了超过3亿多人次的网络用户，也让龙虎山景区在2016年的旅游旺季争夺战中占得了先机。

我在前面提到过一个观点，就是景区营销事件要有正能量，这是景区营销的原则和核心，"龙虎山花样奶奶"之所以成功，首先是因为它符合社会主义核心价值观，传播真、善、美的正能量，所以深受主流媒体的喜爱，带来了二次甚至多次传播。在主流媒体铺天盖地的头版头条和朋友圈、论坛等社交媒体话题二次传播的基础上，形成了"滚雪球效应"。"龙虎山花样奶奶"再也不是一个普通的营销事件，而成了一个好似"病毒"一般快速传播的热门社会话题。

其次，"花样奶奶"之所以能成功，是因为有一种矛盾感和冲突感在里面。试想，如果是几位少女在花丛中拍照，还会有这么大的传播性吗？因为少女在花丛中拍照是一件很常见的事情，大家习以为常，而"老奶奶+花"的组合，本身就有一种冲突感，非常少见，所以才会引起这么大的反响，甚至引发了都市青年关于"重新选择如何生活"和"如何保持优雅气质"等话题的思考，成为一件普通网友主动去传播和讨论的现象级的传播事件。

当然，无论是官方媒体主动报道，还是普通网友自发传播，事件发生地"江西龙虎山景区"，这个积极、正能量的优质旅游品牌，都已经用最好的方式传播了出去。

案例3.
故宫文创是如何炼成的

　　大家都知道，旅游的六要素是吃、住、行、游、购、娱，在一次完美的旅游中，这些要素缺一不可，其中购物是一个重要的环节。从游客的角度来说，去一个新鲜的地方，肯定会希望给亲朋好友带一些当地特色的纪念品。从景区的角度来说，有景区特色的纪念品可以促进二次消费，在传播景区文化的同时，还能够提升游客体验，也无形中为自身做了营销。

　　注意，这里说的纪念品是有当地特色的纪念品。现在的问题是，景区的纪念品同质化严重，缺乏活力和自我造血能力。网上曾经流传着这么一句调侃：一块一模一样的丝帕，在杭州叫 "杭绣"，去了苏州就叫 "苏绣"，到了四川又成了 "蜀绣"，在江西还叫 "赣绣" ……是不是真丝的不知道，但一看就是电脑绣的。

　　从某种程度上来说，这也是当前中国旅游文创产业创新不足的真实写照，而故宫文创的出现让大家眼前一亮：原来景区纪念品还可以这么做，原来景区文创有这么大的潜力可以挖掘，原来发展旅游景区文化创意产品，不仅能起到景区营销作用，还能提升景区的文化内涵。

　　这几年，故宫博物院一路开挂，通过各种形式成功打造出极具人气的故宫IP，相关文创产品更是爆款频出，"朝珠耳机""'奉旨旅行'腰牌卡""顶戴花翎官帽伞""'朕就是这样的汉子'折扇"等产品，推出至今一直受到年轻人的追捧。"朝珠耳机"还一度成为2014年中国最具人气的十大文创产品的第一名。

从网络上的一组数据能够看出故宫文创产品的火爆程度：2015年8月5日，"故宫淘宝"店推出1500个"御前侍卫手机座"，仅一个多小时就宣布售罄；4500个"八旗不倒翁娃娃"，也在开售8小时内全部卖完。此外，"傲娇的乾隆""比V的妃子""卖萌的鳌拜"等有着深厚历史文化基础又自带网红属性的文创产品让人爱不释手。故宫文创每发布一款新品，便有粉丝留言："先翻到文章底部购买了再看文，不然肯定卖光了。"

其实这并不是故宫首次关注文创市场。过去故宫也做文化产品，那时候故宫的"文创"和很多景区的做法一样，将书画、瓷器等进行简单复制，不但质量一般，价格还高，所以消费者不买账，后来受到台北故宫的启示，故宫博物院才开始了新的尝试，结果走出了一条与众不同的"网红"路线。

故宫的"网红"成长史，就是一部成功的营销案例手册。故宫文创之所以能够走红，有着以下几方面的原因。

一、自带流量

故宫本身就是一个超级IP，从森严俊美的皇家宫殿，到各种影视剧的素材，它是北京旅游的必去之处。大众对故宫的原有认知度十分之高，这让故宫文创有着良好的群众基础。

二、对传统文化的解构符合年轻人的审美

当下最有效的传播渠道即是互联网端的口碑传播，而构成互联网上口碑传播主要力量的正是年轻人，故宫文创与年轻人的"脑洞"碰撞到一起，不仅为故宫带来了产品销量的增加，更在年轻人中形成了一股话题浪潮，传播效果更加强大。

三、故宫文创产品和生活用品关联度高

只有文化消费和生活真正贴近之后，才会激发人们内心的购买欲望和

冲动，故宫的爆款文创产品"朝珠耳机""'朕知道了'胶带""故宫日历"等就是充分将文化与日常生活用品联系的成功案例。

　　故宫博物院前院长单霁翔就曾给出对于文创产品开发的十点体会：以社会公众需求为导向；以藏品研究成果为基础；以文化创意研发为支撑；以文化产品质量为前提；以科学技术手段为引领；以营销环境改善为保障；以举办展览活动为契机；以开拓创新机制为依托；以服务广大观众为宗旨；以弘扬中华文化为目的。

　　在旅游产业发达的国家，旅游商品的销售额占旅游产业总收入的60%~75%，比如泰国。这个数字在我国只有20%，就算是故宫，旅游产品销售额也才接近故宫旅游总收入的35%。所以，在未来，文创是景区营销的另一个重要载体，也是除门票之外景区创收的另一个重点。

　　故宫关于文创产品的经验值得所有文化景点学习，但学习不是照搬，我们如何根据景区自身的特点，去定制化打造文创产品，使其成为市场上唯一的存在，这是每一个景区都需要思考和解决的问题。

第三章 管理篇

景区管理涉及的维度有很多，但我一直认为，景区管理的重中之重就是要围绕树立景区的优品牌和好口碑来做管理。景区管理的核心是打造景区的好口碑，如何做到让每一位游客满意，让每一位游客感动，是管理工作中最需多加思考的问题。在管理篇中，我就景区精细化管理、打造智慧景区、二次消费产品的打造和运营、景区街区运营、山岳型景区和地方村民关系处理等系列问题进行深入分析和探讨，寻找以管理提升景区口碑、品牌、效益的可行之道。

手记1.
景区如何进行精细化管理

景区进行精细化管理，目标是打造顶级服务，感动每一位游客，获得好口碑。景区精细化管理是通过以专业化为前提、技术化为保证、数据化为标准、信息化为手段提升员工素质，加强景区内部控制，调整产品服务和运营过程，强化团队协作管理，来满足游客的需求，提高景区运营绩效，从而提升景区整体效益。

精细化管理的核心在于实行刚性的制度，规范人的行为，强化责任的落实，目的是形成优良的执行文化。它是一种对战略和目标分解细化和落实的过程，也是让景区的战略规划能有效贯彻到每个环节并发挥作用的过程，同时还是提升景区整体执行能力的一个重要途径。精细化管理能不断提高景区整体管理水平，内强素质，外树形象，培育精细文化，为景区的可持续发展注入源源不断的活力。景区精细化管理的打造没有固定模式，要根据景区自身特点，以人为核心牢固树立"满意不是标准，标准是感动每一位游客"的服务理念，景区管理要注重创新持续改进，不断完善。建立景区精细化管理制度化、程序化、标准化、细致化和数据化的新标准。景区可以通过树立精细化管理理念，建立以员工为中心的管理理念，学习利用先进方法和先进技术等措施来实现景区精细化管理。

一、要树立精细化的理念

景区管理者要自觉树立精细化理念，实战的经验不断证明，只要景区全员上下都树立了精细化管理理念并在实践中执行,不仅可以提高景区的服务水平,还可以提高景区的业绩水平。景区精细化管理理念在实践过程中表现在景区管理的方方面面,比如不断完善景区基础设施建设,不断优化景区旅游秩序,整合旅游投诉平台,解决游客反馈意见等。

（一）景区要不断完善旅游基础设施

合理地拿出提升景区和景区周边乡村的旅行基础设施规划,按规划不断完善旅游景区景点基础设施,并对景区内外的旅游服务基础设施进行进一步的提升和完善,通过旅游基础设施的完善达到向游客提供优质服务的目标。

（二）整合景区综合执法力量不断优化景区旅游秩序

首先,整合旅游执法力量,配齐配强警力,整合公安、执法、市场监管、旅游、交通等职能部门,专门维护旅游秩序,查处扰乱旅游秩序案件,调解旅游纠纷,净化旅游环境。变以往的多头管理为一个部门管理,形成合力,进一步提高效率,营造良好的旅游环境,让游客来得放心、玩得舒心、走得顺心。其次,整合旅游投诉平台。将景区投诉热线、315投诉、景区旅游局投诉、12301投诉等整合到一起,设立景区旅游投诉、咨询中心,集中力量快速服务游客,及时解决问题,搭建一座游客与景区便捷沟通的服务桥梁。建立投诉问责机制,问责当事人,同时追究管理人员的责任,实行倒查机制,做到有错必纠,促进服务提升。

二、要建立以员工为中心的管理理念

精细化管理要靠全员来参与,景区应让每个员工都参与进来,应做到相信员工,发动员工,依靠员工,成就员工。注重细节,善于用心。对管理严格精细,对制度严格执行,对工作进行量化考核,奖罚分明。用精细化的管理激发员工的责任感和积极性。

景区管理队伍要有不断提升改善的紧张感。精细化管理永远在路上,景区管理者及全体员工要有持续改善管理的态度,在精细化管理过程中,不断提升、改善永远比管理更重要。景区全体员工没有紧张感,精细化管理就没有前途。

（一）制定景区员工激励机制

岗位竞争机制可以化为激发员工热情服务的内生动力。对员工的服务能力和服务水平进行综合测评，列入薪酬管理体系内，根据不同的岗位执行不同的考核机制，使员工服务水平与薪酬挂钩。景区还可以推进企业文化建设，升级景区服务理念，对那些在质量管理过程中为管理目标的实现做出贡献的部门和个人进行物质、精神奖励。比如每月在景区开展"优秀员工"和"服务之星"等评选活动，树立一批先进和典型，激励员工提高服务意识，提升整体服务质量。要实施"五员一体"服务模式（人人都是安全员、服务员、保洁员、救护员、宣传员），要求景区员工在做好本岗位工作的同时，还能根据游客需求在"五员"之间灵活切换角色，以"一专多能"的服务素质向游客展示景区的服务质量。把"满意不是标准，标准是感动每一位游客"的服务理念落实好并进一步提升，做到"感动服务、精准服务、智能服务"。景区每年实施竞争上岗、末位淘汰机制，使员工有不断完善管理的紧张感。

（二）储备旅游管理服务人才

储备旅游管理服务人才，打造高效队伍。人才是精细化管理的重要资源，是能否实现精细化管理的根本。第一，立足景区内部发掘、培养人才。积极营造人尽其才的氛围，着力缓解人才短缺问题。第二，加强与高校的合作。景区实行"旅游+教育"的新型发展模式，与高校共同制定人才培养方案，进行定向培养，为学生提供实践实习岗位，让学历教育与企业需求无缝对接，发挥"旅游+教育"的融合力量。第三，要面向社会招聘、选拔、引进专业技术人才，还可以实施"飞地人才使用计划"充实景区人才队伍。

三、通过精细化管理提升服务水平要利用先进方法和先进技术

利用先进技术，优化流程，提高服务品质，控制成本，做好细微管理。利用先进方法提升景区服务水平，日常事务反复抓，做到量化、注重细节，让工作的各个环节做到有效控制，使景区管理服务水平不断提升。

（一）提高综合服务水平

旅游业本身就属于服务性行业，景区服务水平的高低直接决定了景区的口碑和美誉度。学习利用先进方法推进旅游服务标准体系建设，强化员工服务质量督查、考核机制。通过制定、完善各岗位服务标准，促使景区服务质量整体大幅度提升。设立服务标准化管理办公室，落实专人牵头负责公司服务标准化的制定、培训、奖惩政策的设置等相关工作。引入第三方暗访督查机制，建立定期暗访督查，对发现的问题及时从严处理。

（二）采用智慧化管理新模式

利用先进技术，采用智慧化管理新模式实现景区精细化管理，离不开智慧化手段的支撑。首先，整合各类监控资源，做强"天网""雪亮"工程。在各个景点增设红外线监控探头，同时将景区各单位现有的监控一并接入公安机关的"天网""雪亮"工程，以便让公安机关及时发现可能影响旅游治安秩序的情况，将隐患消除在萌芽状态。在景区层面设智慧调度中心，整合交通、执法、市场监管、旅游、气象等多个部门的监控系统，建设统一的指挥平台和信息发布平台，提升管理者与游客之间的沟通能力，实现信息互通、互动。通过倾力打造一大平台（全流程游客服务应用平台）、三大数据中心（景区资产数据库、国内最完整的游客入园游览信息数据库、景区运营管理数据库）、四大智慧运营指挥系统（运营数据统计系统、经营业绩分析系统、引流增量系统、旅游资源整合系统），实现管理智能化。其次，在统一规划下引入5G通信技术、北斗导航技术，打造网络通信设施、入园服务设施、互动体验设施、安防监管设施，培养专业化团队，不断完善游客服务应用平台，健全智慧运营指挥系统。解决智慧化管理技术新需求，打造精细化管理新亮点。

手记2.
如何打造智慧景区

如何打造智慧景区？首先我们要了解智慧景区是什么，智慧景区能带来什么，再延伸到如何打造一流智慧景区。

一、什么是智慧景区

通俗地讲，智慧景区就是将管理者、游客、分销商等角色融合，将原先经验化的决策，转变为数字化、科学化、可视化决策，它是一条集管理生产、数据汇聚、场景分析、精准运营、效果评估为一体的景区智慧运营链。在这条运营链的串联下，景区能够更加透明、高效、合理地融合管理体系，形成一个能够不断自我吸收、分析、总结、运营、反馈的景区运营管理智能生态系统。

二、智慧景区能带来什么

建立全域智慧景区，运用数字化解决方案融合目的地全域旅游资源，全面提升旅游智慧化服务和管理水平，完善海量数据信息，助推目的地旅游智慧产业升级，提升品牌影响力。从长远来看，它将为目的地全域的智慧旅游提供新载体和新思路，重构旅游新业态，助推产业升级。

从游客、景区管理者、主管部门三者出发，智慧旅游能够让游客玩得更舒心、管理运营更省心、主管监察更放心。其具体表现在游客旅游体验升级、景区旅游运营升级、主管部门旅游政务升级三个方面。

（一）游客旅游体验升级

1.**游前体验升级**。游客可以在线了解目的地特色文化项目，在线虚拟游提前体验旅游场景，在线查询服务评价并制定旅游线路行程，提前预订购买门票、酒店等旅游产品，提前预约目的地小交通或景区停车位，随时掌握景区气象环境指数，随时了解景区在园人数及实时动态。

2.**游中体验升级**。游客可以由手机导航引导到目的地，可通过电子凭证自助换票或直接入园，可用手机随时随地获取景点讲解导览，可获得智能化的交互性游乐项目体验，可通过移动支付随时租赁景区游乐设施或储物柜，可扫码下单购买特产和文创产品，可随时进行分享、评价、投诉、求救并获得快速处理。

3.**游后体验升级**。游客可以快速生成旅游消费电子账单和游玩体验分享，对旅游中的各项服务进行评价，获得旅游维权的后续追踪处理，获得目的地其他活动信息推送，获得切合自身喜好的其他旅游产品或线路推荐，向好友推荐旅游产品或线路并获得奖励，成为旅游会员获取其他服务和激励。

（二）景区旅游运营升级

1.**景区服务升级**。融合权威旅游信息服务咨询，实现个性化本地旅游攻略，延伸出线上旅游集散中心，解决游客在景区内的吃、住、行、游、购、娱各项服务预定。

2.**景区营销升级**。通过移动互联网手段，实现营销前置，提前与游客进行互动，形成游客画像并精准营销。将一次性买卖转化为粉丝经济，实现"大景区"的营销延伸。

3.**景区管理升级**。实现经营生产数字化、渠道管控自动化、数据分析可视化。建立统一业务联动体系，景区资产可视化，管控景区舆情信息，实现景区的千里眼、顺风耳。

（三）主管部门旅游政务升级

1.做好舆情管控分析。提前预知潜在风险，做好舆情预案。

2.实现全域人、财、物整合。打造目的地旅游品牌，区域文旅互联网营销，建立景区标志性口碑，给游客必须来的理由。

3.建立全要素旅游大数据整合。深度挖掘游客、运营、管控数据，实现数据价值资产化。提升智慧旅游人才素质，拉伸整体旅游服务水平。

三、如何打造一流智慧景区

（一）总体目标思路

首先景区要完成基础信息化建设。在此基础上可通过打通底层数据，汇聚各方接口，统一全域文旅商品及服务，对游客进行精准服务，让景区的管理服务水平有进一步的提升，建立景区全域的大汇聚、大管控、大运营。要实现以上目标，其重要举措主要有以下几个方面。

1.完成景区基础信息化建设。智慧景区基础建设具体内容主要包括以下方面：通信网络、视频监控、环境监测、财务管理软件、办公自动化、应急广播、指挥调度中心、电子门票、电子门禁、门户网站、电子商务、游客互动及投诉联动服务平台、呼叫服务中心、多媒体展示、智慧景区建设规划等。

2.在景区基础信息化建设上做以下九方面的提升。

（1）无纸办公：融合景区内部各OA系统、人员系统、考勤制度系统，实现全景区无纸化办公。

（2）财务对接：票务运营与财务自动打通，快速形成每个周期的景区财务运作报表。

（3）数据互通：打通各系统平台数据，共享、统一游客信息，为将来大数据分析奠定基础。

（4）能力汇聚：汇聚各系统接口，扁平化系统间能力节点，形成原子能力，建立紧急预案库及触发机制，充分利用信息化手段，自动调度完成景区生产、管理方面的管控。

（5）权限统一：统一全平台用户信息，统一权限管控机制，实现一体化的集团化层级控制。

（6）全面管控：围绕旅游生产经营支撑、游客服务反馈优化、旅游策略宝典经营三个课题，全面打造票务渠道经营、游玩服务提供与优化、旅游知识库沉淀与应用。

（7）一体运营：建立景区一机游体系，整合景区周边的吃、住、行、游、服务、咨询等内容，让游客手握权威的旅游宝典，实现轻松游、安心游。

（8）公关分析：落地融媒体平台，实现景区对外的统一宣传口径，汇聚游客评论，做好客服工作，采集舆情信息，支撑舆情公关。

（9）决策支撑：在数据库基础上，应用大数据计算、建模分析、机器学习等技术，实现对现有数据的深度挖掘，开发游客潜在价值，支撑经营决策分析。

（二）智慧景区管理架构人才培训及引进

1.领导机构建设。成立景区智慧旅游建设管理领导小组，由管委会主要领导担任组长，各处室局负责人为成员，设立信息中心，领导小组办公室设在信息中心，信息中心在领导小组领导下负责景区信息化建设、维护和管理，实现战略性目标规划与推进。将景区智慧化建设工作列为重点工作，牵头顶层设计，狠抓落实，做到平台能用、真用、好用、想用。

2.扁平化体制与能力。在管委会层面制定好与各个企业、机构的工作界面，减少不必要的工作交叉、职能交叉。梳理现有系统能力，结合实际管控情况，对同质能力进行融合，实现办事效率、工作顺畅度的提升。

3.人才储备。

（1）专家储备：聘请信息化各个领域的专家，形成研究院、实验室，提升顶层设计能力，及时发现信息化建设中的问题并优化扶正。

（2）景区挖掘：注重景区内部现有人才的挖掘与培养，提供相应的培训、学习机制，理论与实际相结合，快速培养一批符合工作需求的可用人才。

（3）高校合作：与各高校展开人才培养计划，有针对性地培养旅游信息化建设人才，不断补充人才库新鲜血液。

4.生产运营团队招引。景区也可引入专业的运营团队，保障系统正常运行，支撑景区日常生产活动。打造景区独有IP文化、特产商品，利用新媒体运作不断提升社会影响。巧妙利用运营手段，结合营销机制，全面拉动景区经济效益新增长。

（三）打造景区智慧旅游平台

紧密围绕管理、营销、服务三大关键因素，建设景区旅游智慧生态，抓实大数据、云服务两大基础，统一智慧旅游数据服务标准，落地全域智慧旅游平台。其具体包含以下几个方面。

1.景区智慧旅游顶层设计打造要引才引智。一是景区管委会发挥领导和组织作用，负责对智慧景区核心战略决策进行规划部署。协同各个行业专家、研究院，制定景区顶层设计规划，指导智慧景区工作。二是组织各关键部门，切实狠抓信息化工作建设落实。联合高校培养高端人才，打牢智慧景区长远发展的基础。可与专业运营团队合作，保障系统平稳应用。

2.打造景区智慧旅游系统各平台和中心。串联各个系统数据与接口，形成初步的大数据中心、云服务中心。建立智慧管理、智慧营销、智慧服务平台。细化综合管理平台、融媒体平台、票务运营管理平台，分别实现对景区的监管调度、宣传、生产运营的初步能力。建立一机游平台，实现面向游客的服务、商品、咨询的大融合。汇聚游客信息，建立初步的大数据分析体系。

（1）大数据中心。主要实现数据的统一采集、统一存储、统一处理、统一标准，集中数据算法、分析模型、机器学习等能力，实现大数据库汇聚。结合如腾讯大数据、高德地图等技术，实现数据分类分层采集、清洗、存储、处理、建模、分析的过程，支撑诸如游客偏好分析、景区投资成效分析、客流预测、风险预测等智能化决策。

（2）云服务中心。提供云端环境的统一能力，实现云端资源的共享利用。

（3）智慧管理。包含运营管理、综合管理、融媒体管理三块内容，分别解决票务生产与分销、景区监控与调度、舆情采集与分析等能力。比如建立中央调度平台，实现各业务系统的集中管控，串联财务平台、人员考核平台、OA系统等，形成景区管控业务平台。再比如建立景区融媒体中心，统一景区的舆情、宣传、游客评论跟踪，打造景区的"千里眼"和"顺风耳"。

（4）智慧营销。实行大平台营销，整合各类型供应商，直接对接各类营销出口（如：美团、智游宝、天猫、抖音等），增强线上新媒体管理，实现全域的综合性运营、策划、销售。实现会员体系、积分体系、推出相应的优惠券、产品打包组合等营销机制，根据游客画像，进行精准营销。

（5）智慧服务。实现电子导览综合服务、导游预约服务、VR游、Vlog日志、紧急呼救、在线客服、投诉建议等综合化游客服务内容。

（四）景区智慧旅游运营

景区智慧旅游运营就是对市场或者客户群体不断地做差异化细分，并给出相应的解决方案。从群体中找出个体化差异，才能更加有效地吸引目标客户的目光，产生活跃度，最终拉动景区经济效益增长。

运营往往是在现有的一个营销体系机制下，深挖某一些客户流失的原因等，从中总结现有机制是否能够更加合理有效，然后对其作出调整、验证、再调整、再验证，不断优化运营方案，最终挽留客户，乃至提升客户活跃度。那么，如何使用系统，使之产生社会效益、市场效益？

1.快速建立景区智慧旅游运营的生态体系需从以下五个方面着力。

（1）组建或招引专业的运营团队，实现对业务系统的运营保障、平稳运行。

（2）充分发挥运营团队作用，就如何对游客、从业人员、商家、景区、监管单位提供日常化运营服务的主题，展开一系列的管理运作，让系统真正用起来。

（3）组建或招引有IP文创理念的运营执行团队，结合时下热点、热词、为景区打造新亮点、人工网红点，为景区增添价值。

（4）结合周围村镇管理，适时打造村镇智慧化项目，提升景区周边村镇信息化建设，拉动整体经济效益。

（5）应用系统产生"管理效益"，合理宣传产生"社会效益"，巧妙运作产生"经济效益"，最终形成"三个效益"的循环优化生态圈体系。

景区运营可在各方面条件允许的情况下，与专业的运营团队合作，适当激励运营团队成效。通过旅游运营团队，能够快速借鉴其他景区优秀的解决方案，根据各景区的实际情况进行本地化改造，最终形成自有特色的运营机制。

2.打造以游客为中心的智慧旅游营销服务矩阵。

包含线上新媒体的内容输出与营销跟踪、游客现场互动、游客忠诚度培养等。全力打造游前、游中、游后服务体系，以"用"为宗旨，根据景区经营需要来优化智慧建设。具体办法有以下几种。

（1）对外合作渠道开放。在自主运营全域商城的情况下，同时利用好大平台的流量做转化和增值：如对接各大第三方平台，在大平台上店并经营。比如天猫旗舰店、美团旗舰店。

（2）定制化+SAAS标准化服务。在条件许可的情况下，可考虑使用SAAS服务（如导服预约平台、门票分销平台、商城平台这些会随着市场发展需要不断升级的交易性平台，软件需要持续升级迭代，功能标准化，行业内有专业的公司提供服务）的形式满足景区部分业务场景的实现，针对景区个性化的需求，采用定制化的形式落地，通过定制化+SAAS标准化服务快速搭建符合景区业务要求的生产管理系统。

在此模式之下，景区无须单独建立庞大的运维团队，利用云端资源即可快速实现将建设与系统运维云化、一体化，加快并维持景区在规划、开发、测试和交付方面的软件推动的创新，更快地持续发布更好的软件和服务，而且成本更低，风险也更小。

（3）项目建设+运营合作。如景区目的地一机游建设，公共服务的内容可以按项目建设，同时引入专业的公司进行线上运营合作。景区自建团队有自主性、成长性，但成本高、周期长、人员招聘难。外面引进的公司自带工具软件、专业人员、成功经验，可以快速把运营做起来。

景区专心把旅游产品和游客服务做好，通过好产品+好服务+互联网+线上运营的资源整合让景区最终获益。如线上新媒体运营：在景区建设的商城、多渠道分销的基础之上，可利用时下流行的新媒体手段（如抖音、快手、小红书、头条等），结合事实效应，快速编辑、发布相应的旅游产品、旅游概念、旅游体验，打造网红景点、网红IP等，增强旅游景区在游客心中的记忆点，加强线上新媒体运营体系，将景区以多形态展示在大众面前。

（4）游玩定制。综合游客数据、偏好信息、运营数据、反馈信息等多方数据进行深度分析，可考虑实现对不同客群的喜好分析，结合各自景区资源特色，为不同客群推荐不同的游玩定制套餐服务，给出适合该客群的游玩线路、交通选择、餐饮酒店选择等，实现为每位游客提供独有的旅游攻略私人定制。

手记3.
如何打造和运营景区二次消费产品

从事旅游景区工作的同仁都知道，旅游景区的主要收入是门票收入，但是现在单纯靠门票收入作为景区主要收入越来越难维持景区运营和发展了。这个逻辑很容易理解，如果单纯靠门票收入维持景区运营发展的话，随着景区运营成本上升和发展要求越来越高，必然会要求门票价格上涨来缓解收入不足，而门票价格上涨会让景区门票价格在市场竞争力下降，不少游客会望而却步，这样一来就形成了门票越来越高、人气越来越低的一个恶性循环。

特别是国家发改委发布的《关于完善国有景区门票价格形成机制，降低重点国有景区门票价格的指导意见》明确指出，实行政府定价管理的景区，门票定价成本应严格限定在景区游览区域范围内维持景区正常运营所需的合理支出。政府和消费者的需求都要求景区另寻出路，挖掘景区门票外的二次消费收入。

靠景区产品特色和营销管理服务把游客吸引到景区来，这只是第一步。如何让游客进入景区大门后产生更多的二次消费，这才是景区需要关注和谋划的关键所在。

实际运营当中，不少景区在二次消费产品开发方面还有很大的提升空间。一是二次消费收入占景区收入比例小，数据显示，国内大多数景区的二次消费仅占景区收入的30%左右；二是二次消费的产品项目营销转化率较低，拓展市场潜力很大，景区在这方面需出实招。

景区做大二次消费，目标就是优化景区的收入结构，降低门票收入在景区总营收中的占比。二次消费的范围包括很多方面，比如景区交通、文化演艺、酒店住宿、观光车、竹筏漂流、游船观光、景区街区、文创购物等都属于二次消费产品的范畴。

一、景区的二次消费运营和管理

（一）合理规划二次消费产品的游览路线与业态布局

对于一个景区来说，合理规划二次消费产品的游览路线和业态布局是激发游客二次消费欲望的关键。在游客体验过程中，景区可以适宜地植入景区二次消费产品和其他二次消费产品的品牌形象宣传，布设合适的指示引导牌，精准地引导有二次消费需求的游客。

还有就是合理把握游客需求，安排好二次消费产品出现的节奏，根据不同场景设置不一样的二消项目内容，为游客提供舒适的消费环境与消费机会，释放游客消费需求。

这里需要提到的是景区电子商务系统。景区电子商务系统可为游客提供吃、住、行、游、娱、购全方位高质量的个性化服务，并从游前、游中、游后三个方面让游客深深体会到便捷。特别是年轻的游客，对景区电子商务平台黏性高。这个平台一方面方便了游客，一方面可以引导他们进行二次消费。

（二）提供优质二次消费产品旅游服务

游客的二次消费冲动跟景区服务水平高低有着密切关系。说到服务水平很多人都会想起海底捞，海底捞的服务意识已经到了"极致"的地步。比如在顾客等候的时候，服务员会给顾客端上免费的水果、饮料、零食。如果等待的顾客是一大帮朋友，服务员还会主动送上扑克牌、跳棋之类的桌面游戏供大家打发时间。如果顾客还嫌等候过程无聊，甚至可以获得免费的美甲、擦皮鞋服务。在客人进餐的过程中，海底捞也想出了很多特色服务，比如服务员会细心地为长发的女士递上皮筋和发夹，以免头发垂落到食物里，戴眼镜的客人则会得到擦镜布，以免热气模糊镜片，等等。

景区也是服务行业，其实景区服务理念要向海底捞学习。景区打造出优质的二消产品后，为二次消费产品提供优质的服务很重要。提高景区服务人员水平要进行管理培训，持续培养出优秀的服务队伍，还要形成系统化的操作流程，制定精细的管理服务规章制度，规范景区员工的行为，培养员工的服务意识。目的就一个，为游客提供优质服务，让游客快乐地去二次消费，并自发分享景区美好的服务感受。

（三）打造二次消费产品

打造景区的二次消费产品时，首先可以从景区交通类产品入手，比如电瓶车、小火车、游船等交通类二消产品；其次可以从景区休闲、娱乐、餐饮的方向入手打造二次消费产品，比如景区乐园项目、体育旅游项目、采摘活动、特色餐饮等；另外还可以从人文角度入手打造二次消费产品，比如具有人文特色的动画动漫产品、游戏、工艺品、文创特产、文创特色纪念品等。

不少景区打造二消产品时面临的问题还是品种比较单一，而且同质化比较明显的问题，所以在打造二消产品时要不断创意创新突破景区二次消费产品打造的局限，拓展打造二次消费产品的范围，二次消费产品范围很广。

二、打造二次消费产品的建议

（一）打造夜间休闲、娱乐、购物产品

根据对居民消费习惯的调研发现，60%的消费发生在夜间，不少景区开发夜游项目，正是基于这一洞察。有些景区打造休闲、娱乐、购物等功能为一体的街区，如丽江古城；有些景区打造一批夜间实景演出娱乐项目，比如张家界打造了张家界千古情、魅力湘西、天门狐仙、新刘海砍樵等夜间项目，目的就是深挖游客在夜间的二次消费潜力。

（二）打造特色住宿产品

特色酒店也是景区打造二消产品中的一个重要的点，一些体量比较大的景区像黄山景区这样的，游客游玩整个景区需要三到五天的时间，很多人就会选择住民宿等特色住宿，而一个好的民宿环境会让游客身心得到放松，第二天有足够的精力进行美好的旅行。所以特色住宿从选址到风格都需要创意创新，让住宿体现出当地的特色，让游客有留下来的欲望。

拿黄山玉屏楼特色住宿来说，它位于黄山风景区迎客松旁，毗邻玉屏索道，背靠玉屏峰，前有迎客松，北望莲花峰，南观天都峰，自然风光和人文文化独具特色。而玉屏楼的餐饮素有"游在黄山，食在玉屏"的美誉，其中"龙鼎银丝""雪蛤豆腐菊"都被评为黄山市名菜。有美景有美食，足以让游客流连忘返。

（三）打造景区文化创意产品

对于景区尤其是一些人文景区来说，文化必然是二次消费产品的核心。景区的二次消费业态都将围绕自身文化来构建消费内容。景区的文创产品不仅可以用来消费，也可以增加游客的情感黏性，充当着维护客户关系的角色。同时文创商品是景区所在地文化的直接体现，属于景区的可移动风景，这就使文创产品可以打破景区的地域壁垒，成为旅游目的地体验的一个极好的补充和延伸。旅游文创类产品融入二次消费产品之中已成为必然趋势。

除了大家喜闻乐见的故宫文创系列之外，像南京夫子庙、甘肃敦煌等景区也都在开发自己的文创产品。敦煌文创产品种类非常丰富，涉及办公文具、生活家居、图书字画、丝织品等，据其承载的文化元素来说，包括敦煌动物系列、鸣沙山月牙泉系列、壁画系列、丝路系列、反弹琵琶系列等。

手记4.

景区街区如何运营

景区街区是近年来较为流行的一种将文化旅游业态集合在一起的新型微旅游目的地，它已经成为景区的重要组成部分，并可以带动景区人气和消费等相关产业。其实古人在造字的时候已经告诉了我们，"街"，首先是双人旁，意为人要多；两个土，意味着要接地气；最右边的丁，则是要让人停留下来。总结来说，一个街区要具有文化主题和地域特色，具备旅游休闲、文化体验和公共服务等功能，融合观光、餐饮、娱乐、购物、住宿、休闲等业态，能够满足游客和本地居民游览休闲等要求，街区要人多、要接地气、要让人能停下来，这就是一个好街区的基本要素。

一、景区街区普遍存在的问题分析

大致有以下三种问题：

（一）街区业态自然生长

这种情况有两种，一是开发商直接将房子卖出，商户通过购买拥有房屋和店铺所有权，店主自营或对外出租，做什么业态开发商无法控制，街区业态自然生长；二是历史沿革形成，有些老街区房屋和店铺是私人商户所有，也是什么赚钱，商户就自发地卖什么。

（二）运营及业态策划规划后置模式

这种情况是开发商找建筑设计团队设计、建筑工程单位施工，并自己持有房屋店铺，事前并不先做运营及业态策划和规划，而是先做建筑设计。建筑设计院一般情况下只管建筑设计风格和理念，而不管运营及业态策划规划，所以更没有运营及业态布局和动线组织，也就是说只管好看不管实用。

（三）开发商招商后置

这种情况是业主把街区建好后没有商户入驻，怎么办呢？街区业主一般会选择找第三方公司进行业态招商。但是招商的结果却是，第三方把商户招来，却不负责商户能否运营得下去。

二、街区比较成功的运营模式

景区做街区，采用比较成功的运营模式是做好运营及业态策划规划并把运营及业态策划规划理念前置，同建筑设计团队共同完成设计，运营及业态有策划规划设计和布局，防止街区运营中业态自然生长，业态招商与街区运营及业态策划规划互动。

这种街区运营模式的具体落地做法一般来说是"一个中心，四维互动"。

（一）一个中心

指的是街区要以消费者的需求和商户的生存为中心。

以消费者需求为中心是指街区建设和运营主体要拿出运营及业态策划规划、建筑设计规划、街区业态招商政策，明确地"告诉"消费者这个街区的特色是什么。街区有场景、有情景、有内容、有故事。街区是载体，消费者首先是奔着街区来，其次才是奔着业态、奔着消费来的。业态可以有变化更替，但是街区是永久的亮点和特色，这才是街区的核心竞争力和吸引力。大部分景区的街区，都离市区比较远，所以首先街区与消费者的对话不靠距离，而靠核心竞争力。以商户的生存为中心则是指业态策划规划布局设计要合理，要让商户先挣到钱，街区才能挣到钱。核心就是街区本身要以吸引力带来人气，人气给商户带来财气，让商户有生存能力和造血能力。从街区店建筑装修装饰风格、叫什么名字、经营什么品种、如何营销、如何展现价格体系等都要管，这样才能提升商铺生存空间。

（二）四维互动

四维互动是指街区要从建筑、商业业态、产品展现方式和产品文化体验感受四个维度与消费者互动，从而使街区成为微旅游目的地第四代街区，形成文商旅综合体，以文化为魂、以旅游为体、以商业为本。

第一维互动是指街区的建筑与消费者要互动。街区打造场景，关键在建筑，建筑成功了，项目不一定成功；但如果建筑失败了，项目一定失败。建筑要有特色，我们要在建筑上花心思、下气力、求突破，在建筑肌理上求升华。要朝着"街区做好了，一家店铺都不开都有人来打卡"这样的目标努力，把街区建筑打造成有文化的IP，从而触发与消费者互动的效果，消费者会发自内心地进行拍照打卡，发到社交平台。例如无锡灵山的拈花湾街区和婺源篁岭街区的建筑。

第二维互动是指街区商业业态与消费者的互动。街区的商业业态要打造成景点，且景点就是商业业态。商业业态招商要变成选商，选出来的商业业态要新、奇、特。把街区商业业态打造成微景点，街区内的业态有网红，有爆款，有乐园，有体验，街区故事化、场景化，使得消费者与街区商业业态之间主动互动。例如丽江古城、成都宽窄巷子。

第三维互动是指街区产品展现方式与消费者的互动。街区要构建一条旅游动线，在动线上布局深度体验产品。产品展现方式有多种，产品可以通过深度体验的展现方式吸引消费者。例如袁家村的土灶铁锅鸡168元一锅，40平方米的店，一天可以卖到2万—4万元营业额。但如果不是用这种最深度体验的展现方式，也许68元一锅都不好卖，所以街区产品可以用好的展现方式与消费者互动。

第四维互动是街区产品文化体验与消费者的互动。一是做街区要做到产品的人文生活状态链接上消费者的情感纽带。要把街区产品的文化内涵充分挖掘出来，要让产品文化的魂与消费者的情感得到链接，例如浙江乌镇文化深入人心，江南水乡的青石板、乌篷船、白墙黛瓦、碧波荡漾，恬淡如画、古色古香的美景，水乡文化和消费者情感链接在无形中，游客随处一拍就自成艺术品。二是街区要创新打造文化体验产品，文化体验产品要针对市场不同客群打造，例如针对家庭客群打造特色亲子文化产品，针对青年群体打造刺激互动文化体验的产品。街区要通过文化体验产品呈现出文化生活烟火气息，要把街区深层次的生活文化培育出来，这样才容易和消费者建立起情感的纽带。

三、街区运营的几个小心得

（一）要把运营业态策划规划成果和水平落地到街区业态运营中

街区要保持高品位，不是其中一家两家店铺的业态调性高就可以，而是所有店铺的业态都要保持在高水平，这样才会让整个街区业态都保持在高品质上。街区业主往往因为审美水平参差不齐，很难与街区前期设计理念保持在一个格调上。再者，每个小业主自己找设计师费用相对高，不同设计师对街区设计理念的理解不同，设计水平也不一样。所以为控制街区的业态，保证装饰装修设计高水准，可统一指定高水平设计团队，对招商进来的每家业态统一对商铺进行装饰装修设计，标准调性要求与街区总策划设计相符，也就是把每一个你要做的业态的单个需求、面积、数量，都给到统一的设计方，如果有演艺，甚至要细致到将演艺的层高和座位都沟通给设计方。需求要有多细致呢？如果有水系的话，我们会希望浅水系宽面，窄水系急流，因为急流不会生青苔；树木我们希望是多枝的大灌木。除以上两点外，还要注意白天和夜晚的业态不同，街区常常夜晚比白天人气旺，因此晚上业态布局定位、动线设计和组织业态规划都要考虑到。

（二）小面积的商业业态也可以采用统一设计、拎包入驻、联营分成的方式

这样景区街区就会给招商对象不用装修、不用花钱、没有房租，只付人员工资就可以经营的便利感受。这对于商业业态招商选商来讲非常有利。另外景区统一设计，对街区所有商业业态联营分成，景区并不会吃亏，可以收押金，押金基本是够装修费的。这就是联营分成的核心之一，就是把固定租金变成变量租金。做街区的时候还要把设计、招商、运营、商户黏合在一起，甚至揉到一起，把各个商业业态的设计亮点全部梳理出来，在一个单项梳理五六种方式，最后采用一两种。全过程产品要有展演形式，和消费者产生沟通互信，信任就会产生价值。比如做一个鲜花饼，要把制馅、包制、烘焙的过程，全部给消费者看到。这样，消费者就会觉得可信，就愿意把可信的东西带走。除此之外还要有统一的品牌形象，并和网络媒体互动传播。例如把有特色的商户包装成网红，最终带动整个街区的品牌效应。这就为景区街区打造文化产品和旅游产品IP奠定了良好基础。

（三）一个街区，业态可以按吃住行游娱购六要素多样化布局

在按微度假旅游目的地来打造时，第一，可依托景区美丽的生态环境和深厚人文底蕴，采取绿色、低碳、环保的理念，发展特色主题客房，设计开发一系列文化体验、户外运动产品，并将它们组合成"景区+特色住宿+体验活动"。第二，可以打造夜间业态，比如晚上用灯光来书画夜间业态，夜间业态可以是裸眼3D艺术秀、广场演艺活动、小火车便利交通、亲子休闲区域、青少年刺激体验产品、互动秀等。第三，可以采用现代、随性、休闲、偶遇等方式，采取美丽艺术营造呈现等手段构建街区娱乐和购物业态。第四，打造特色餐饮业态。根据烹饪方式、消费目的、价格、出品温度、加工时间、味型、就餐方式、地域、原材料产地等十几项落位依据进行合理摆布。第五，要有专家在初期负责参与商业业态入驻的遴选，

在后期负责日常产品的监督检查。还要进行商业业态的培训，把商业业态的商誉、商德统一到整个街区的标准上。最终的目的就是把景区街区做活，让消费者下馆子，住园子，逛店子，找乐子，掏兜子。

手记5.
如何处理好山岳型景区开发与当地村民的关系

在山岳型景区的开发中，大多数景区都是在山水森林和地方乡村中开发建设而成的，像峨眉山、武夷山、龙虎山这样的景区，面积较大，里面就包含不少地方乡村村落。

这类景区在开发过程中，景区方面不得不与世代居住在此的原住民打交道，导致景区的经营与管理环境异常复杂，各方利益关系的平衡也让景区管理者头疼不已。可以这么说，在景区的整个发展过程中，如何处理好景区和村民的关系考验着管理者的智慧。

之前我看过一些关于景区管理者和当地居民关系的报道。比如有一年四川峨眉山景区发布一个通告说，由于进入汛期，景区存在山体滑坡、塌方的地质隐患，为了集中排查、整治这些安全隐患，景区暂停对外开放。

但是后来媒体调查的结果是，这次景区关闭的原因是村民与风景区管理委员会在当地发展和利益分配上产生了分歧，导致矛盾激化，当地村民拉横幅、堵道路，景区不得不采取暂时关闭的措施。

景区和当地居民之间因为利益关系导致矛盾和冲突，该景区并非个例，我印象中还有宜昌三峡大瀑布景区的"雨衣事件"。当时游客从导游手中购买雨衣，体验景区的"穿越瀑布"项目，村民发现后上前抢夺雨衣，声称必须买他们的雨衣，双方对峙，引发社会关注。

近年来，村民与景区冲突的事件时有发生，实际上这是景区开发方式的问题。这种事件的根源在于,负责景区规划、管理和监督的管委会、在景区从事经营性业务的公司与世代生活在景区范围内的村民这三者之间的利益关系没有得到很好的协调。

所以,如果想有效解决并避免此类冲突的发生,就需要在景区管委会、景区管委会所在地企业和乡村之间,制定合理的利益分配协调机制。几方面的关系协调好了,景区的开发、发展就比较顺利了,大家就皆大欢喜了。如果关系协调得不好,就会带来各种矛盾。

其实说到底,景区还是国家资源,景区的管理和使用是各级政府的职责和义务。早在2006年,国家就颁布了《风景名胜区条例》,里面规定,国家对景区实行科学规划、统一管理、严格保护、永续利用,景区具体的保护、利用和统一管理工作,由景区所在地县级以上地方人民政府设置的风景名胜区管理机构承担。

这个规定明确了景区企业与当地政府的关系,因此这类景区管理机构首先需要从顶层设计上来设计架构。一般来说,山岳型景区管理机构有这么几种模式。一种是龙虎山景区管理模式,景区的管委会相当于是市政府派出的一个县级管理机构。管委会设置了相当于县政府的权力机构,如土地规划、公安局、教育局、人事局、组织部等机关机构(不含人大、政协、法院、检察院),下面还管辖着乡镇、场,这样对景区的建设发展有着强力的推动作用,因为有对乡镇、场干部的任免权管理权,加上财政跟景区是一体,所以景区的发展会得到行政资源的助力,相当于市政府为了开发景区旅游资源,建立了一级类县政府的管理部门。

这种模式的有利之处在于,不仅能让景区管委会与管委会下属企业和乡村一些政策指令上传下达更为顺畅,还能让景区管委会、管委会下属企业和乡村之间的利益找到共鸣,各种矛盾关系处理起来更为方便。除此以外,还有一些其他好处。第一,可以通过景区的发展和人气的增长,提升土地价值,土地价值提升后,景区管委会可以用获得的土地收益反哺景区管委会下属企业发展；第二，景区管委会可以利用行政资源向上申报各类项目，争取项目资金，比如建设公路、桥梁，河道整治，林业项目，农业项目，文化旅游项目，等等，通过这些项目资金推动景区基础设施和文旅项目建设。

假如抛开了这个模式，景区的管理相对来说就比较复杂。国内有的景区管委会比如武夷山，是一个不具有类县政府职能的景区管委会。景区管委会不管理乡村，在景区管委会及下属企业进行项目开发时，就需要和当地乡村协调山林和土地资源使用问题，当地乡和村也有自己的利益诉求，景区管委会和下属企业的发展与当地乡和村之间往往不容易取得一致意见，这就导致乡和村的支持力度减弱，反过来对景区管委会的管理和项目开发产生掣肘，造成景区管委会与乡村之间形成两张皮现象。

这两种模式的区别在于，类似龙虎山景区管委会这样的景区管委会的行政区架构比较完整，拥有较全的行政职能，而类似武夷山景区管委会这样的景区管委会是当地市政府的派出单位，景区管委会及下属企业想要使用当地资源就要与当地乡村协调，处理结果和时效往往会大打折扣，有时会直接影响到景区的建设发展。

还有一种模式是，一些民资企业接手景区后，民企在项目建设期间处理乡村之间的关系难度也很大，往往要通过市（县）政府协调的的方式来解决。有时民资办景区不得不用各种方式（比如国资参股、与当地乡村建立利益互换机制等）让当地市（县）政府参与项目开发来寻求当地政府的帮助支持，达到民资景区利益和当地市或者县政府的结合，让市（县）政府参与项目开发和日常运营管理，协调起来才会更有效率，要不然与当地乡村的关系很难处理，没有政府强有力的手段，民资背景的景区建设运营管理会碰到很多困难。

除了顶层设计之外，就是景区跟当地的乡村最好形成利益的链条，形成利益共同体。我们前面提到的无论是四川某景区暂时关闭还是三峡大瀑布景区的"雨衣事件",都是利益分配不当造成的。村级利益与景区利益诉求失衡,是导致这类事件的主要因素。这个事情很容易理解,当地百姓世世代代居住于此,旅游的发展如果不能给当地百姓带来好处,那必然会受到当地百姓的阻挠,所以要想景区发展好,就要同步考虑让当地百姓也通过景区建设发展过得好。正所谓"大家好,才是真的好"。

比如我们可以在景区内找一块地方,和当地村庄一起开发二次消费产品,让当地的村庄牵头组织村民通过参与项目分享一定的收益,比如住宿、餐饮等村民可以参与的项目,和当地村庄形成利益共享。跟乡政府也是一样的道理,利益共享了之后,他们也乐意参与到景区经营活动中来,这样景区与乡村关系就会越来越融洽。

最后一个就是要有整治打击的手段,和当地政府一起,对违反旅游秩序的不当利益诉求的违法行为,要有治理机制,这样景区的发展才能得到保障。

就目前来看,国内运营的景区中,至少有百分之六十的景区面临和当地村民共处的问题,与当地村庄村民共处能力在很大程度上关系着景区的发展。这也要求景区的管理者在开发景区之前,就要思考如何和当地乡村相处,如何和他们进行利益分配,毕竟景区是一种区域性产品,当地的乡村也是产品的载体,在一定程度上影响游客对景区的旅游体验。

要做好景区,就需要创造一个和谐共生的大环境,与乡村百姓共利,甚至有时候需要让利,这考验着景区管理者的眼界和格局,毕竟景区的开发和发展是一个长期的过程,这个过程也是一个共生的过程,景区管理者需要有足够的智慧和耐心,去打造和谐共生的旅游发展生态链。

案例1.

从精细化管理角度看黄山与云台山的做法和经验

做法和经验之一：管理体制清晰明确，运行顺畅。

（一）机构设置情况

1988年12月，黄山市人民政府撤销黄山管理局，设立黄山风景区管理委员会，在黄山市人民政府领导下工作。1989年4月，安徽省人大常委会通过《黄山风景名胜区管理条例》，这是全国第一个为景区量身定制的地方性法规，使黄山的开发建设、保护管理走上了法制化轨道。2018年9月，《条例》第五次修订。《条例》第五条规定"黄山市人民政府设立黄山风景区管理委员会。管委会主任由市长兼任，管委会在黄山市人民政府的领导下，负责风景名胜区的保护、利用和统一管理工作"，以法律形式明确了黄山风景区的管理体制。管委会内设15个二级机构，此外设有经营管理机构2个（集团公司、股份公司，总部均从景区迁移至市区）。

（二）体制运行情况

在职能界定上，管委会与集团公司、股份公司各自承担不同的职能。黄山风景区管委会根据市政府授权行使风景区的行政管理权，主要负责保护风景名胜资源、自然生态环境；组织实施风景区规划，合理开发风景名胜资源；审查、监督有关建设项目；建设、管理和保护基础设施及其他公共设施,改善游览服务条件;负责封山育林,植树绿化,护林防火,防治林木病虫害和防止水土流失;做好黄山品牌营销,做好爱护黄山、保护黄山的宣传教育工作;管理与风景区保护的有关其他事项。集团公司、股份公司作为国有全资企业和国有控股企业,根据市场经济规律自主从事旅游经营活动,重大事项报管委会研究。在组织人事上,管委会、集团公司、股份公司领导实行交叉任职。目前,一名景区党工委委员任集团公司党委书记、董事局主席,一名景区党工委委员任集团公司党委副书记、董事局副主席、股份公司党委书记和董事长。在关系上,集团公司作为股份公司的控股企业,依法履行股东的权利和义务,控股为约定比例,经营范围涵盖房地产、交通运输、酒店、物业管理等领域;股份公司经营范围涵盖景区开发管理、酒店、索道、旅行社、智慧旅游、徽菜餐饮、商贸采配、资本运作、小镇开发、新零售等领域。

1996年,黄山管委会和黄山股份公司签订了《关于授权管理黄山风景区门票事宜的协议》,黄山管委会委托黄山旅游公司管理和收取门票,按照约定的比例分配,期限为约定年限。2019年12月,双方签署补充协议。自2020年1月1日起,黄山股份公司获得的门票分成收入,将用于补偿项目建设、经营服务和市场推广等方面的相关费用支出。通过补充协议进一步明晰了黄山管委会与黄山旅游公司之间的关系,顺应了企业经营环境和旅游市场环境的变化需求,有利于黄山旅游规范化运营。

做法和经验之二:创新理念,优化服务,提升质量。

河南云台山景区"五员一体"服务模式的提出,是云台山景区企业文化建设的重要突破。2017年以来,云台山景区升级服务理念,由"不让一位游客受委屈"向"感动每一位游客"转变,建立了2000名员工人人都是安全员、服务员、保洁员、救护员、宣传员的"五员一体"模式。"安全员"就是人人树立安全意识,全年安全责任事故为零;"服务员"就是全员服务，以极致服务感动每一位游客；"保洁员"就是人人都是环卫工，在景区可视范围内不能看到垃圾；"救护员"就是聘请红十字会开展全员培训，人人具备救护技能，确保景区内拥有2000名救护员；"宣传员"就是通过《云台山人》报纸、《云台之声》电台、微信、微博等平台，让员工了解公司的发展，让云台山人讲云台山的故事，树立云台山的形象。该模式要求员工在做好本岗位工作的同时，还能根据游客需求在"五员"之间灵活切换角色，以"一专多能"的服务素质向游客展示景区的服务质量。云台山景区通过构建"五员一体"服务模式，将云台山的感动服务、精准服务、智能服务进行整合，不但增强了企业文化的凝聚力，更塑造了旅游服务新品牌。

做法和经验之三：智慧支撑，强化管理，提升水平。

安徽黄山景区的监控和预测系统，大大提高了景区的管理水平。黄山共建有49个系统，分别是智能视频监控系统、人流量预测系统、社会综合评价系统、旅游气象服务系统、智慧停车系统、旅游监管系统、交易结算系统、大数据分析系统、票务分销系统、身份识别系统、导游系统、酒店管理系统、客源地分析系统、旅行社预订系统、旅游导览系统、旅游投诉系统、森林防火系统、IP广播系统、地质监测系统、OA办公系统、旅游资讯发布系统、旅游客户系统、报警救助系统、电子票务系统、电子门禁系统、WiFi系统、旅游营销系统、GIS地理信息系统、景区虚拟游系统、景区视频直播系统、电子商务平台等。其中，通过监测数据反馈，可以对恶劣天气进行预报，方便景区救援工作及时开展，减少伤亡事故的发生；以历年相关数据为基础，通过模型分析得出预测结果，对未来一个时段人流量进行预测分析，为高峰日的旅游秩序管理提供重要的决策参考依据；黄山风景区的社会综合评价系统对舆情信息的监控，会实时推送给相关人员，使景区遇到问题能够及时采取措施解决，切实维护黄山旅游的良好形象及游客的游玩体验。

河南云台山打造的"全行程、管家式"智慧化系统，分为景区资源管理、行为秩序管理、智能交通管理和综合指挥管理四个方面。景区资源管理实现了对极端天气的有效预测；行为秩序管理涵盖视频监控、人像识别、应急广播、客流统计等功能；智能交通管理，实现了路况信息收集、停车场管理、大巴车监测等功能；综合指挥管理，实现了数据共享、综合分析、联合指挥等功能。

智慧化管理体系的建立，全面实现了安全和调度的智能化。一是安全智能化。实现应急救援便捷操作，能够解决快速获得游客紧急求助位置、最近工作人员信息、快速调动资源等问题。游客通过移动端或固定端一键求助，智慧中心会立即响应救援程序，为游客安全游览保驾护航。二是调度智能化，建立了智能联动机制，全县旅游、公安、交通等多部门全面参与。在重大活动和节假日期间，实施智慧中心联席办公制度，实现了"一分钟响应、两分钟调度，三分钟救援"的高效率工作，为景区应对客流高峰打下坚实基础。比如，运用智慧数据分析系统，可及时研判每个景点的客流情况，开通直达单个景点的专线车，引导游客，实现分线路游览，实现了快入场、快调度、快疏散的目标。

做法和经验之四：无缝对接，人才保障，合作共赢。

2018年，云台山景区与河南理工大学合作建立云台山文化旅游学院，共同探索"旅游+教育"的新型发展模式。云台山景区与河南理工大学共同制定人才培养方案，根据景区运营所需岗位设置相应专业，进行定向培养，为学生提供实践、实习岗位，让学历教育与企业需求无缝对接，发挥"旅游+教育"的融合力量。景区将依托云台山文化旅游学院，进一步推进旅游产学研的融合，为景区的人才队伍凝聚、管理模式输出、企业文化建设提供支持。

做法和经验之五：完善机制，创新模式，稳定市场。

（一）建立健全执法体制机制

2014年3月28日，安徽省第十二届人民代表大会常务委员会第十次会议修订《黄山风景名胜区管理条例》，授权风景区管委会行使相关行政执法权。经省人民政府批准，管委会设立黄山风景区综合执法局，行使《风景名胜区条例》《黄山风景名胜区管理条例》和《黄山市实施<黄山风景名胜区管理条例>办法》规定的涉及风景名胜管理、旅游管理的行政处罚权。2016年12月30日，在风景区综合执法局加挂旅游管理综合执法分局，两块牌子一套人马，并设立汤口旅游综合执法大队。同时，成立了安徽省首支旅游警务支队，在黄山风景区公安局治安支队挂牌。

（二）创新旅游综合执法"1238+"模式

"1"即一个大集中。在部门涉旅部分行政处罚权上集中，即根据省政府批准，景区旅游综合执法分局集中行使黄山风景区及汤口镇域内旅游、价格、工商、食品安全、交通、运输、公安、体育、文化（文物）8个主要职能部门在旅游管理领域的88项行政处罚权，原归属的相关职能部门不再行使。黄山风景区管委会建立了统一的旅游咨询、投诉、处置中心，组织专职人员24小时集中受理涉旅咨询和投诉，实行"统一受理、统一交办、统一回复"。

"2"即两轮并驱。黄山风景区（含汤口镇）在日常旅游市场管理中，实行旅游综合执法和旅游警务"双轮并驱"的工作模式。旅游市场秩序监督管理由景区旅游综合执法分局承担；旅游市场治安秩序管理由景区旅游警务支队承担。旅游综合执法分局负责旅游市场监管、行政执法、行政案件查处等工作；根据职责分工，旅游警务支队业务上接受旅游管理部门指导，旅游警务支队负责旅游治安秩序日常监督管理。

"3"即三级联动。通过联席会议制度和部门协调联动机制，汤口地区实行黄山风景区、黄山区、汤口镇三级联勤联动，推动形成规范协调、精简高效、保障有力的旅游管理行政执法运行机制，实现了旅游市场监管工作在黄山风景区和汤口镇的全覆盖。

"8"即八方共管。旅游、价格、工商、食品安全、交通运输、公安、体育、文化（文物）部分旅游行政处罚权虽集中到旅游综合执法分局，但这8个部门还属于相应的旅游管理和市场监督管理主体，仍承担旅游市场监管和协助旅游执法的义务。

"+"即两个平台、一个旅游救援大队、一个仲裁中心、一个法庭。两个平台为黄山风景区指挥调度平台、汤口镇语音视频网格化管理平台，通过网络视频监控平台，加强对重点旅游区域的监控，实现对旅游市场的实时监测，辅助日常旅游秩序监管，为行政执法案件取证提供技术支持；一个旅游救援大队及时为游客提供救援、救助服务；一个仲裁中心为黄山市旅游仲裁院黄山风景区旅游纠纷调解中心，方便游客就地就近申请仲裁；一个法庭为黄山风景区旅游巡回法庭，畅通涉旅投诉渠道。

案例2.

黄山风景区信息化建设经验

黄山是世界文化与自然遗产、世界地质公园、首批国家级风景名胜区。为切实保护好景区珍稀资源，实现旅游经济发展提质增效、转型升级，近年来，黄山风景区将智慧化建设作为增强核心竞争力的重要内容加快推进，取得了较好成效，保护管理和旅游发展水平迈上了新的台阶。

一、建设特点

（一）起步较早

黄山风景区信息化建设的工作可以追溯到20世纪经90年代中期。1999年就启动了"政府上网工程"，2004年与九寨沟一起被列为"十五"科技攻关计划示范工程。2005年完成了首轮信息化建设总体规划的编制。2006年，建成了保护管理指挥调度中心。

（二）思路清晰

针对"十二五"期间黄山智慧景区系统功能重叠、设备类型多样、应用系统条块化等问题，黄山智慧景区在"十三五"采用"蛛网式"的架构，即将智慧景区中多个节点的功能集中到一个节点上，即一个节点身兼数职，通过分布式处理方式将所有这些同质化节点联结在一起。"蛛网式"的理念不仅体现了应用系统的扁平化，同时在信息基础设施建设方面也将实现移动网、固网的融合，实现扁平化的统一管理，从而对景区资源保护、公众服务、业务管理、旅游经营、安全防范等进行全面、系统、及时的感知与可视化管理，提高景区信息采集、传输、处理与分析的自动化程度，进而创建优质的景区环境以及服务品质，提高景区旅游业务的综合管理和运营能力。

（三）成效明显

2010年3月，黄山风景区被中国风景名胜区协会和中国电子学会评为"全国风景名胜区数字化示范基地"。2012年被国家旅游局授予"全国智慧旅游景区试点单位"。2013年7月，安徽省科技厅批准以黄山为依托，挂牌建立"安徽省旅游信息化工程技术研究中心"。2014年12月，安徽省科技厅批准成立黄山风景区"院士工作站"，2015年11月该工作站在全省考核获优秀档次。《黄山风景区信息化总体规划（2013—2015）》获住建部华夏奖一等奖。"基于物联网和大数据技术的智慧黄山综合服务平台开发和应用"获2015年度"安徽省科学技术奖"二等奖；"'智慧黄山'统一集成系统研究与示范应用"项目获得"黄山市科学技术进步奖"二等奖。2014年初，由黄山风景区信息中心参与起草的《风景名胜区公共服务自助游信息服务》和《风景名胜区公共服务营销平台》两个行业标准于2013年11月实施；以黄山风景区管委办为主制定的省级地方标准《山岳景区视频前端设备一般要求》，于2015年1月份颁布实施。这也是黄山风景区首次参与制定并获得颁布实施的信息化行业标准和省级地方标准，标准的实施将有利于引导和规范我国风景名胜区的公共服务建设。2019年8月，黄山风景区管委办承担的省级地方标准《山岳景区视频监控数据存储规范》发布实施。2017年12月12日，黄山风景区被评为"十佳旅游智慧景区"，景区门户网站在十佳旅游景区网站中榜上有名，黄山管委会"中国黄山"与黄山旅游发展股份有限公司"黄山"两个微信公众号跻身十佳旅游景区微信公众号行列。黄山风景区自2009年取得和一项软件著作权以后，截止到目前已获得国家软件著作权32项，国家实用新型专利1项。

二、主要做法

一是领导重视。一直以来，黄山风景区管委会对信息化建设给予高度重视。近两年来，又把智慧化建设列入全面提升保护管理的重要工作，作为提质增效转型升级的有效途径，进一步深入研究，完善机制，落实措施，加大投入，确保各项工作落实到位。

二是健全机构。景区成立了高规格的网络安全与信息化工作领导组，由管委会主要领导担任组长，各处室局负责人为成员，实现了景区内信息化工作的统一领导；设立了信息中心，正科级机构，11人编制，专门负责景区信息化建设、维护和管理。

三是保障投入。划拨专项资金用于信息化景区建设，并设立信息化系统日常维护专项经费。从2006年至今，累计投入资金近2亿元。

四是注重人才。一方面，立足景区内部发掘、培养人才，以长期系统学习与短期强化培训相结合，使技术人员掌握相关理论知识，并在实践中加以应用，促进快速成长；另一方面，加大人才引进力度，面向社会选拔专业技术人才，充实信息化队伍。

五是争取支持。2009年申报的项目作为省试点项目获省级科技厅资金支持；2010年作为安徽省工程技术研究中心的支撑项目，获省级资金支持；2013年申报的科技攻关项目又获省科技厅支持资金。2017年，旅游综合服务平台项目获省发改委的支持资金。

六是借助外脑。成立了安徽省旅游信息化工程技术研究中心和安徽省院士工作站，每年多次到黄山就信息化相关事宜进行现场指导。同时，还聘请了一批由信息化领域专家组成的专家委员会，及时帮助解决信息化建设中遇到的问题，不断提升工作水平。

三、重点项目

（一）保护管理指挥调度中心

保护管理指挥调度中心是黄山风景区信息化的中枢，可以实现整个景区的信息管理、命令发布和综合管理调度任务。目前中心将景区全局性的9个系统纳入统一指挥调度，实现现场实时操作和展示。

（二）智能视频监控系统

景区在交通要道、客流集散地、古树名木和病虫害防治点等地共设置1100多个模拟及高清数字摄像头。智能视频监控系统实现了图像识别与统计分析相结合，可以实现人脸识别、车流量统计、人流量统计，在古树名木保护方面实现恶劣天气下报警功能，在烟火早期监控方面也进行了研发。

（三）人流量预测系统

以历年相关数据为基础，结合天气、节假日分布、旅游住宿登记人数、营销政策等因素，建立了一个适合黄山风景区的人流量分析模型。通过该模型，可以对当天进山游客人数的情况进行分析，得出预测结果，同时也能对未来一个时段的人流量进行预测分析，为景区的精细化管理，尤其是高峰日的旅游秩序管理提供了重要的决策参考依据。

（四）社会综合评价系统

该系统实现对黄山风景区舆情信息的监控，并实时推送给相关人员，使景区能够及时对网民提出的意见和问题积极采取措施予以解决，切实维护黄山旅游的良好形象。系统可以显示不同时间段内关于黄山各种话题的总数据量及媒体类型分布，同时也可对热议话题分类进行统计。

（五）WiFi网络

该系统在游客集散中心、售票处及核心景区共36个区域布设了100个无线AP设备。游客在黄山游览时，只需登录无线名称为"黄山风景区"的WiFi，经短信认证后即可享受免费上网服务。通过这个系统，管理人员可以了解到来山游客在景区的行为轨迹、登陆时长以及热点区域。

（六）车牌识别系统

该系统能够实现对进入景区车辆进行实时查询，对其归属地进行统计分析，能细分到地市一级，既有利于高峰日的车辆管理、游客疏导，也为旅游目的地营销提供了相对精准的依据。

（七）旅游气象服务系统

该系统包括山洪风险报警、雷达回波报警、气象要素显示、雷达回波显示、大气电场显示、紫外线检测、景观预报共七项内容。景区在松谷庵、北海、光明顶、玉屏楼、五里桥水库、云谷索道、温泉、汤口寨西、石门水库9个站点设置监测站，对气温、相对湿度、降水量、风速风向等4种常规气象要素进行测量。同时在景区主要制高点上设置了13个监测点，在雷电到来前半小时，可将预警通过短信群发给景区管理人员及宾馆、酒店、旅行社等相关人员，告知雷电出现的概率、级别和避险方案，避免因此而发生人员伤亡事件。

（八）二维码综合服务平台

它是管委会拥有完全自主知识产权的系统，是"智慧黄山"整体项目的重要组成部分。它将黄山所有旅游学科知识、历史文化故事等琐碎的信息片段进行整合，游人只需利用手机内置的扫码软件扫描景区内部的二维码标识牌，便可轻松感受黄山雄伟壮观的自然景观和博大精深的文化气息。

（九）LED发布系统

景区在新国线入口、索道下站共布设了五块LED屏，告知游人目前最大承载量、当日的天气、目前进山人数及温馨提示，让游人提前做好上山准备。

（十）黄山旅游官方平台

官方平台依托"互联网+"、大数据、人工智能等现代技术，打造目的地文旅公共信息服务，构建集吃、住、行、游、购、娱为一体的旅游综合服务体系，打造"全国领先的目的地智慧旅游服务平台"。官方平台实现了黄山风景区旅游产品及服务的线上化，对黄山市区域旅游产业资源的整合，对皖南国际旅游示范区及黄山市周边旅游产业资源的全覆盖。

四、取得成效

（一）提高了保护管理水平

在黄金周和小长假期间，景区通过视频监控、电子门禁、车牌识别等信息化手段，实时掌握景区客流情况；通过群发短信、LED显示屏等进行科学调控，及时发布预警，合理疏导分流，有效调峰填谷，将进山游客控制在最大承载量5万人之内，确保了不超容量接待目标的顺利实现。

（二）提高了旅游经济效益

近几年来，景区通过电子商务营销，拓展了市场范围，增加了销售渠道，促进了游客增长，提升了经济效益。

（三）提高了景区服务品质

在建设了基于SOA技术的统一指挥平台后，统一了信息发布平台，增强了管理者与游客之间的沟通，实现了信息互通、互动。

（四）提高了知名度和影响力

多年来，黄山风景区指挥调度中心接待了全国及美国、日本、瑞士等国外先进景区、旅游行业参观学习考察1000多批次，已经成为国内景区信息化建设应用的示范基地，并为制定国内景区信息化建设标准起到重要参考作用。

案例3.
龙虎山"智慧竹筏"项目智慧化管理经验

"竹筏漂流"是龙虎山招牌的二消产品，可以说，对于来龙虎山旅游的游客，竹筏漂流几乎是一个必选项。龙虎山许多绝美的风光，都要乘坐竹筏漂流才能欣赏得到，而且在这一过程中，游客还可以听筏工讲解景色背后的精彩故事。

但就是这个龙虎山的招牌产品，有一段时间曾将龙虎山的口碑拖入谷底。由于竹筏漂流这一段的景点很集中，而每一个景点都有精彩的故事，不少游客对这些景点的故事很感兴趣。之前对筏工的讲解没有纳入硬性规定，游客要听讲解的话，就需要额外再给筏工小费。虽然小费不多，但是这种体验依然被不少游客诟病。

针对这个情况，龙虎山打造"智慧竹筏"管理项目。"智慧竹筏"项目是在已经在运营的150多条竹筏上安装了视频监控设备，可以实现出筏过程全程监控，长时存储。可以看见、听到筏工的服务情况，对筏工也是一种保护。调度员使用调度App发筏，发筏后游客扫描筏上二维码，可以获取直播及录播入口，通过微信朋友圈将视频分享给自己的家人和朋友，下筏前可以对筏工服务进行评价。依托调度数据及游客评价数据，质量安全工作人员可以做到对筏工的服务监督有据可依。

在此基础上，景区还专门制定了相关规章制度，确保项目有效运行。

首先组建项目队伍，明确目标责任。"智慧竹筏"管理系统的推出也碰到很多阻力，有筏工不理解，也有管理人员业务不熟等问题。我们经过技术上不断的调试、对筏工耐心细致的思想工作、对管理人员规范的培训，最终推出了责任人考核制度。

分管竹筏调度所、竹筏维修所的副经理为"智慧竹筏"系统管理、推进的第一责任人，竹筏维修所所长、竹筏调度所所长为"智慧竹筏"系统使用、执行、监督检查的第一责任人，竹筏调度所和竹筏维修所全部工作人员为监督管理责任人，筏工为保管、使用的直接责任人，江西智旅公司"智慧竹筏"系统项目负责人为技术保障责任人。责任明确，相互协调，取得了积极成效。

其次就是利用智慧管理系统。我们在竹筏上安装了监控系统设备，全程监控筏工和游客的互动过程，相当于执法记录仪，如果有纠缠不清的问题可以看回放。此外在竹筏上放置二维码，游客可以通过扫描二维码对筏工进行评价，这样会对筏工的行为起到一定的约束作用。

再次就是明确奖惩制度。比如私自拆除竹筏上的设施设备的处以每人每次一定金额的罚款，造成损失的照价赔偿；私自关闭设备线路、挪动探头方向、人为遮盖探头天线的处以每人每次一定金额的罚款；等等。同时景区定期进行竹筏智慧系统设备的检查汇总，对设备维护、保管良好、没有损坏的筏工给予每人一定金额的奖励；对竹筏智慧系统运行管理提出良好意见并实施的，公司也会进行奖励。

至于原筏工讲解费用的损失，由公司拿出资金补助。虽然单次费用比原来要低一些，但是筏工每趟都能得到讲解费，所以整体来看筏工的收入还有一定的提升。针对筏工私下收小费的行为制定了红线制度，制度规定给予开除处分。

这些规章制度出台后，景区和游客都经过了一段时间的适应期，期间也出现过一些问题。比如，曾有位游客投诉说筏工在讲解了第一个景点后，就开始向游客们索要小费，在被拒绝后则开动马达迅速前进，对接下来的游览内容讲解"偷工减料"。

这件事情出来后，龙虎山景区马上整改，后来经过调查，对两名当事筏工分别处以一定金额的罚款，对负有管理责任的责任人处以一定金额罚款。此外，景区也责成竹筏管理所加大对筏工的监督管理，及时收集游客反馈的意见、建议，确保服务不打折扣。

到了今年，这种投诉基本上就消失了。2019年一季度的时候，江西卫视都市二套对游客进行"五一"黄金周口碑调研，游客满意度达到94%。这对于景区管理者来说，是一件令人欣慰的事情，同时也督促景区将管理做得更好，为游客带来更优质的体验。

第四章 融资投资篇

对于旅游景区来说，自身资产总量、营业额和盈利水平决定其被资本市场接受的程度和融资的难易程度。景区融资的核心是景区是否存在最优负债率。景区债务成本很高就要降低负债，景区债务收益很高就要增加负债。如何通过政府、金融机构、景区的共同努力解决旅游景区发展中融资存在的问题，景区融资后如何规范公司对外投资行为，提高投资效益，防范对外投资风险，维护公司利益，获取较高的投资回报，是景区融资投资活动的难点。在融资投资篇中，我将从自己的实操经验出发，为景区的融资投资提出建议。

手记1.
景区融资现状、问题及建议

一、旅游景区融资现状

当前景区融资方式主要有债权融资和股权融资两种。景区债权融资主要是以银行贷款和发行公司债券为主，其中银行贷款是景区融资最常见的手段。获取银行贷款通常需要景区具备稳定的盈利能力，并提供一定的固定资产进行抵押或质押。而旅游景区与其他工业相比，无形资产偏重，固定资产用于抵押，由于无形资产不能抵押造成总的贷款额度会降低。加上旅游景区投入大、回收周期长等特点，银行贷款一般无法满足旅游景区的融资需要。另外就是发行债券对景区公司的资本和盈利能力等都有较高的要求，因而少有旅游景区选择发行债券融资。到目前仅有部分旅游景区选择发行私募债券，但作为新兴债券种类，其利率也较一般的私募债券利率更高，因而面临着较高的融资成本。

常见的股权融资主要分为景区公司上市进行权益性融资和寻求风险投资两种。近年来国家和各级政府一系列政策的支持，使得旅游景区上市前景更加明朗。上市进行股权融资往往也可以获得足够的资金，但是上市也对景区的管理水平和盈利能力等有较高的要求。全国上市的旅游景区还是比较少的，目前仅有二十余家，资本市场表现也较为一般，因此景区在证券市场上进行股权融资也比较困难。股权融资的另一常见方式是引入私募投资，高投入和高收益的特质往往受到私募投资的青睐。近年也有不少旅游企业获得大额的风险投资，但获得风险投资的旅游企业多集中于连锁酒店、在线旅游服务商、短租、旅游攻略等领域，基本没有旅游景区，这也是风险投资追"快钱"的特性所决定的，旅游景区投资周期长和不确定性较大的特质使其无法成为资本追捧的对象。

二、景区融资存在的问题

（一）旅游景区融资难与景区自身的行业弱势、市场化核心竞争力不强、无形资产偏重难以评估等因素有关

比如国有景区，景区往往受到体制机制的影响，因而市场化水平较低，很难适应市场日益激烈的竞争。自然资源归国家，国家是旅游资源所有权的唯一主体，导致景区所有权与经营权出现不统一，并且有的景区资源条块分割，两者都制约了景区投资和消费的做大。资源归国有，景区企业要替政府代管门票，门票收入除运营管理成本外大部分要上缴财政，致使景区企业负担较重，景区经营规模和盈利能力难以做大，产生内源融资困难。

（二）景区融资方式创新不足，融资结构单一，直接融资渠道不畅

由于景区投资大、回报周期长，因此要求来源稳定和低成本的资金投入，往往景区获得这类资金的各项条件还不够达标。并且资本市场的资金受政策体制、市场环境的影响波动性大且操作比较复杂。因此目前景区的融资方式还主要集中于银行贷款、发行公司债券和政府政策性融资。再就是景区在金融信息方面较低的地位和缺乏金融方面的高层次专业人才，往往过于依赖中介机构，致使融资成本过高、渠道单一。

（三）国家是旅游资源所有权的唯一主体，产权主体单一导致资源交易难以完成市场化

这使得景区在债券上市融资、经营权出让融资等融资的有效途径明显受制于制度层面的约束和金融体系的约束。

景区缺乏健全匹配的融资体制机制。在我国景区现有的国有旅游资源产权制度下，旅游资源的经营权、所有权分离。旅游景区资源上市和出让经营权等方面由多部门多头分散管理。各部门从自身的角度和立场出发，争论不休，使得景区因制度制约，上市融资、经营权出让募集融资等融资的有效方式不能有效发挥其作用。加上资本市场对景区的了解比较少，景区的无形资产比较多，缺乏合适的方法评估景区的资产价值，这让金融机构较难进入景区。

（四）旅游产业领域专业的旅游投融资机构少，使得景区融资活动基本都要委托其他领域专业融资机构，不能高效正规化运行

旅游景区上市、发行债券等融资行为行政审批难，很难获得市场资格或市场配额。各级政府成立了旅游产业投资基金，但是目前的发展程度还不高，还不能适应不断深入发展的旅游景区建设运营，实现景区规模化和效益化。

还有，景区融资也存在问题和不足，比如融资初期没有经验，常常出现没有经过项目调研分析和项目类比分析以及项目资产价值评估，也没有搞清楚项目的自身机制和发展趋势以及融资的可行性情况，以至于出现了盲目融资。

因此景区要想解决融资存在的问题，需要政府、融资机构、景区三个层面的共同努力，包括政策层面的政策保障机制，景区层面核心竞争力的增强，创新融资方式，以及行业层面的产业投资基金的完善培育等。

三、关于旅游景区融资的建议

（一）景区下属企业融资金融机构应该努力的方向

要解决景区下属企业（以下简称企业）发展需要解决资金难题，解决资金难题需要金融机构和企业共同努力，特别是金融机构要拓展为景区企

业融资的渠道和方式。

1.可以发行私募债券为景区企业融资

景区企业发行私募债券在当下债券市场已经有成功案例。景区企业主要考虑的是降低交易成本、增加债券吸引力等发行私募债券因素。首先景区企业可以选择大型商业银行或者投资机构进行债券托管，这样可以降低交易成本。其次景区企业可以考虑赋予投资者更多的期权，如在若干年后调整债券利率、设置回售选择权等，在债券的偿付方式上，景区企业也可以一改过去那种分期付息、到期还本的方式，在债券存续期的最后几年按照票面价值20%~40%的比例偿还，降低一次性到期支付的风险来增加债券的吸引力。再则景区企业还应在发债前与当地的中小企业和有实力的投资银行、风险投资机构、大型基金做前期沟通，掌握发行的大概情况，根据客户要求及时调整，保证政策确保发行成功。

2.可以为景区企业提供资产证券化融资

景区企业开发项目证券化以特定的项目或资产作为支撑，可以很好地规避所有权问题，目前景区企业比较能够满足资产证券化要求的资产有景点、酒店、索道等有稳定现金流和一定垄断性的项目。因为景区景点、酒店、索道等项目有稳定的现金流，因此可以采取证券化将非流动性资产转化为具有高度流通性的金融资产，用资产产生的收益支付债券本息，同时降低融资交易成本，从更多的渠道获得大额资金。

目前由于景区一般资产体量较小，景区企业信用等级的评估标准往往较低，加上景区企业存在着明显的季节性淡旺季特征，经济波动对其产生的影响较大，主要原因是旅游产品一般不被视为生活必需品，因而进行资产证券化存在一定的限制，对此，景区可以明确融资主体、适度降低发行规模，景区企业可以借助上一级的国有平台公司进行信用增级，也可以加大证券化资产池的分散力度来降低证券化的总体风险，提高证券的吸引力。

3.可以用景区收票权质押融资

景区的门票收入是比较稳定的收益，保证景区企业有稳定的现金流，因此景区可以将收票权向银行质押进行融资，景区再用门票收入偿还银行贷款本息。收票权质押关键要解决景区收票权的价值评估问题，尤其是对稳定价值流的判断和折现率的选择问题。对于5A优质风景区来说，这种方式更具可行性，而不那么著名的景区门票权价值可能会存在明显的低估倾向。

4.可以整合景区产业链上下游企业联合融资

景区产业链上下游企业，如酒店、旅行社、购物等各方企业融资，就是旅游开发产业链上息息相关的利益方共同出资、共担风险、共享收益。景区和上下游企业可以通过相同的客源市场获利，并受到相同的经济周期性、季节性的影响，一荣俱荣。同时景区的繁荣也可以带动当地上下游企业的发展，那么可以考虑建立战略性联盟，进行多方融资，其中也包括政府融资，这对规模较小、难以获得充足贷款或风险投资的景区企业来说是一个良好的选择，但是多方利益掺杂进来可能导致日后复杂的利益纠纷，所以明确权利和义务是十分重要的。

5.景区企业上市融资

景区企业上市融资能力强，它可以通过增股、股权转移等手段扩大融资，而且融资来源更加多样化，流转速度快。但是主板市场沪、深两个证券交易所设置了十分严格的准入程序和限制条件，对景区资质和信用的要求非常高，加之存在门票收入不能计入上市公司主营业务收入的限制，景区企业通过上市融资的比较少。现有的上市景区主要是通过将索道、观光车、宾馆等二次消费项目包装上市，而做大景区人气流量、二次消费收入规模、营业额和净利润等方面才是旅游景区上市融资的关键。

景区企业上市融资还有利于完善公司的管理制度，产权清晰、财务透明，解决了旅游景区原先的经营权管理权不清、景区多头管理、景区企业经营财务不清的问题，而且有利于完善公司的财务制度、人事制度、经营管理制度等。旅游景区的成功上市无疑是对旅游业界、当地政府、当地居民和股民的公关营销，有益于树立景区的品牌，增强知名度和美誉度，还有利于吸引优秀人才。但也要克服成本高、景区上市经营风险大的问题。

（二）景区企业融资应当努力方向

就目前国内景区企业融资的情况来看，景区企业的融资还是比较艰难的，影响因素主要有内部因素和外部因素两种。内部因素一般来说无外乎景区企业经营状况和体制等制约。外部因素比较复杂，包括二级市场的情况，流动性的强弱，融资条件的限制，产业政策、货币政策的调整，等等。其实无论是内部因素还是外部因素，决定景区企业融资难易程度的最根本因素还是旅游景区企业的自身价值和盈利能力。

1.景区企业要增强自己的融资优势

要完善企业的经营管理，提高企业的融资能力，增强对投资者的吸引力。其根本还在于旅游景区企业能按照现代企业制度的要求，加强和完善企业的经营管理，提高企业的无形价值和有形价值。具体体现在企业融资的核心指标有效资产规模大小和经营现金流多少。

需要景区企业按照市场化经营的要求完善企业的经营管理，具备市场化的投资决策眼光，项目建设投资判断标准应该是能否实现可期的营收和净利润，景区企业的市场定位要准确，能够维护持续增长的市场规模，突出服务市场、效益为先。可以从下面五个方面入手。

一是要做大资产总量。有效资产规模体现了景区企业的经营规模和资产总量，有效资产要产权清晰，与景区企业的经营直接相关并能带动企业的经营收益。

很多国有景区企业现在融资都要借助当地政府平台公司的力量。为什么要跟政府国有平台公司绑在一起？最主要的原因就是一般旅游景区企业经营性项目的资产总量是有限的。

一般中等规模景区的资产也就是5亿至10亿，但是你想要做到50个亿、

100个亿以上，要是没有政府国资管理部门的土地、房产、林权等资产注入，对于一个旅游景区企业来说是很难实现的。

旅游景区营收除景区门票外，主要是吃住行游娱购商养学闲情奇二次消费产业链的延伸，经营性营收拓展空间很大，通过做旺人气带动政府土地增值产生收益形成良性循环，政府土地部门和旅游景区之间需要形成较好的良性互动机制。

二是要提升景区企业信用评级。景区企业公司要提升信用评级，首先要做大自身资产和营收规模；其次景区企业要向上靠大靠强，主动向县和地市级国资公司靠拢，与县级平台公司和市国资公司形成融合，从而让县、市级国资公司带动景区平台信用评级提升。

三是要做大景区企业营收。旅游景区企业门票外，要在吃住行游购娱商养学闲情奇方面做二次消费产业链延伸。例如：旅行社、宾馆、饭店、滑草、滑雪、滑水、温泉等各种体验性产品。从景区二次消费产业链延伸做大营收。

四是要做大景区企业经营现金流。经营性现金流体现企业的经营收益质量，良好的企业经营现金流会稳定且持续增长。要做大净利润。所谓净利润，就是利润总额按规定缴纳了所得税以后公司的利润留存，也可以叫净收入。相对于毛利来说，净利润更能直观衡量一个旅游景区的经营效益。净利润高，就代表景区企业的经营效益好；净利润低或者为负值，就代表企业的经营效益差。做大净利润可以为景区企业的融资带来更大的竞争力。

五是要发展再生产。需要景区企业按照市场化经营的要求完善企业的经营管理，具备市场化的投资决策眼光，项目建设投资必须以具有经营收益为主业，景区企业的市场定位要准确，能够维护持续增长的市场规模，突出服务市场、效益为先。

应着眼于向市场发展，布局景区产业的整体链条，包括但不限于旅游景区开发经营、旅游产品开发经营、旅游管理服务、旅游工艺品开发销售、特色农产品开发销售、住宿餐饮、园林绿化、建筑施工、商品贸易等。有规划、有选择地谋划项目，逐步做大做强，培育景区企业成长。

旅游景区企业还应该坚持以人为本，加大创新建设，形成景区的核心竞争力，以吸引投资者的兴趣。正所谓"梧桐花开，凤凰自来"，景区只有自身做好功课，打造核心项目产品，形成自有IP，才能把资源转化成产品吸引力，发挥撬动融资的功效。

2.景区融资过程还有五个注意事项

（1）合理设置景区企业债务期限结构。景区企业的快速发展离不开财务杠杆的撬动作用，但风险防范意识时刻都不能放松。

首先要防范过度举债，负债规模过高，财务费用会将景区的利润侵蚀。其次要防范流动性风险，这在当前的金融市场环境下尤显重要，一分钱难倒英雄汉的事在市场上时有发生。景区企业务必要做好财务统筹规划，合理设置债务期限结构，短期资金长期使用是大忌，保持景区企业必要的现金储备是底线。

（2）围绕旅游产业链打造产品项目。资本是逐利的，利用金融资金促进景区的发展必须充分考虑金融资金的获利需求，才具备足够的吸引力。

换言之，景区必须围绕丰富旅游产业链，设计和打造既有利于景区发展，又契合景区企业自身个性特色，有市场前景的经营收益性项目，方能让融资资金投入产品和产品收益偿还融资本息之间形成良性闭环，从而带动景区企业做强做大。

（3）利用好财政引导扶持政策。由于景区建设发展的特殊性，在项目建设发展前期，财政的引导扶持政策显得尤为重要。景区所在的当地政府的营商环境起着至关重要的作用。要将传统的土地税收优惠与政府资金参股引导建设高效的软环境有机结合，利用好市场化的激励机制，实现政府与金融资金的双赢。

（4）加强景区与金融机构的沟通。利用市场金融资金的手段很多，市场上的资金也很多，有效地宣传推荐自己，让更多的市场投资者了解和参与沟通是必不可少的手段。

（5）引进培养专业的金融人才。人才是景区企业发展的基本要求，专业的金融人才有利于景区企业的资金管理规划，有利于快速敏捷地掌握市场动态，有利于景区企业与投资者的有效沟通。

因此，市场化的融资方式必须要有精通金融技术、金融知识的专门机构和专门队伍。一方面跟银行进行谈判，使融资过程更加顺利；另一方面要对融来的资金进行管理，降低成本，获得收益。

（三）政府对景区融资助力保障

无论是从经济发展、旅游行业发展的大环境，还是从景区自身发展来看，景区融资离不开政府的保障，主要有以下四个方面。

一是人才保障。一方面通过制定金融人才培养和吸引计划，培养具有专业金融水平的人才，最大限度地吸引金融优秀人才；另一方面还可以与金融中介机构合作为景区提供金融人才保障，比如和会计师事务所、投资咨询机构、资产评估机构、信用评价机构、保险代理机构等中介服务机构合作。

二是通过组建专业的投融资机构和信用担保组织，协调投融资保障政策，完善旅游融资机制。景区旅游产业的投融资，不仅仅是旅游部门和金融部门的事情，投融资政策也不仅仅限于旅游政策和金融政策方面，其他的诸如税收部门、国土部门、林业部门、法律部门、人社保障部门等政策都与之有关联。这就要求这些保障部门在政策方面要协调一致，保障各个部门职能的有效发挥，保障景区旅游融资的完善。

三是政策保障。景区企业融资活动与政策环境和金融体制息息相关，因此在融资过程中需要政策保障体系的建立以及资本市场的完善，首先要开设景区旅游产业投资基金，开设景区旅游产业投资基金，这样可以直接又高效地为景区企业融资提供资金服务。其次景区企业还存在着多方面的问题，比如企业产权、经营关系、责任承担等阻碍了景区企业融资方式的创新。因此，要促进景区旅游企业融资方式的创新，必须要建立完善而健全的法律法规保障体系，保障景区的规范开发和融资行为的创新。另外景区企业的融资，从环节上看目前的投资多集中于旅游服务和餐饮酒店住宿方面，从地域上看投资多集中于经济发达地区，而偏僻落后地区比较薄弱。景区旅游业，是一个产业链长、关联性强的产业，任何一个环节的薄弱，都可能影响到整个景区产业的发展。因此政府和旅游行政管理部门要从投资结构上优化，在产业政策上偏重，注重开发景区旅游业关联产业，为景区投资创造良好的环境。

手记2.
景区投资管理

　　景区的投资行为一般情况下由景区下属企业公司（以下简称公司）作为主体来完成，公司融资成功后涉及公司投资，要规范公司对外投资行为，提高投资效益，防范对外投资风险，维护公司利益。景区投资的目的是获取较高的投资回报，一般来说投资回报净利润率要达到8%以上才能过景区投决会。要实现较高的投入产出比，在投资项目筛选时，须严格按照市场的需求并准确预见未来市场的变化，只有将资金投入到正确的项目中才能获得最佳的收益。因此景区投资管理中如何选择真正适合景区发展的项目，并确定项目的合适规模也就很重要了。

　　景区投资有不少属于长期投资，流动性不强，因此在投资计划制定上对投入的资金应该长期投资和短期投资相结合，优化资金配置，保证资金安全。景区投资通常需要参与景区的管理营销，因此与景区合作的外来投资者最好具备一定的经营和管理能力，这样投资安全性更高。比如景区在不缺乏资金但缺乏专业管理技术的情况下，通过引进高水平管理经营团队，这样的无形资产往往能够迅速提升景区的经营管理水平，可采取景区特许经营、景区合作开发经营、景区托管、景区租赁经营等方式。

　　景区投资一般在景区公司主导下开展，这就要求公司制定《景区下属企业公司对外投资管理办法》（例文见附件），应该明确投资流程，投资流程一般包括项目筛选、初步尽调、立项审批、全面尽调、项目初审、投资决策、投资协议签署以及投资款安排及支付等步骤。公司在整个投资过程中明确各级的权利、责任,公司负责投资的资产运营部门、总经理办公会、董事会等相关层级各负其责。

最后,景区投资是一个需要综合能力很强的团队完成的事情,投资者需要拥有文化旅游行业经验,还需具备从事旅游景区经营管理及投资的能力,从而避免在投资和经营决策上走弯路。一般来说,投资者应该具有较为丰富的投资经历,无论其过去是成功还是失败,都会比行业新手更能给景区带来财富。

附件 •
《景区下属企业公司对外投资管理办法（例文）》

第一章　总则

第一条　为加强景区下属企业公司（以下简称"公司"）对外投资管理，规范公司对外投资行为，提高投资效益，防范对外投资风险，维护公司和股东利益，根据《中华人民共和国公司法》等法律、行政法规、规范性文件以及《公司章程》的有关规定，结合公司实际情况，特制定本办法。

第二条　本办法所称对外投资是指公司为获取收益或资产保值增值而以货币资金、实物资产、股权、债权、无形资产以及其他资产等对外进行各种形式投资的行为。具体可分为兼并重组、策略性投资、经营投资三类投资活动，其中兼并重组指公司本部及公司所属各类经营主体围绕业务板块开展的并购重组行为，策略性投资指公司本部开展以获利退出为目的的财务性投资，经营投资指公司全资子公司、控股子公司围绕生产经营活动开展的投资。

公司为盘活闲置资金，追求短期收益所购买的理财产品、国债等金融产品不适用本办法。

第三条　公司对外投资应遵循的基本原则：

（一）符合国家有关法律法规的规定；

（二）符合公司发展战略；

（三）风险可控，确保投资的安全，实现保值、增值。

第四条　公司对外投资共涉及四类投资主体，包括：

（一）公司；

（二）公司全资子公司；

（三）公司控股子公司；[以上（二）和（三）投资主体以下统称为"直属单位"]

（四）公司及其直属单位参股公司。

第五条　本办法适用于公司、直属单位，其投资活动应遵照本办法规定的决策权限和实施程序。

公司及其直属单位参股公司投资活动需进行表决的，由公司或直属单位派出人员向派出单位进行书面报告，派出人员应按照派出单位的意见在参股公司的股东会或董事会发表意见。

第二章　投资计划的编制

第六条　公司、直属单位每年末编制下一年度投资计划。

公司下一年度投资计划由公司资产运营部编制，相关部门配合。

直属单位编制本单位的下一年度投资计划，经公司分管领导审核后，报公司资产运营部汇总。公司资产运营部将汇总的下一年度投资计划报公司分管资产运营部的副总审核，并经请示公司董事长报公司总经理办公会（以下简称"总办会"）审议。

第七条　直属单位应及时编制本单位投资动态和新投资计划，经直属单位总经理办公会审核后，报公司资产运营部。

第八条　公司、直属单位在投资计划执行中，因政策法规、市场环境等发生重大变化或遇其他不可预见的因素，导致投资预期发生重大偏差时，应向公司提出书面报告申请调整投资计划。

第三章 对外投资相关机构职责

第九条 公司、直属单位企业股东会、董事会、总办会为投资行为的决策机构，各自在企业章程规定和公司相关管理办法规定权限范围内，对其投资行为作出决策。

第十条 投资并购小组是支持公司对外投资的特设机构，调度协调兼并重组及策略性投资项目的推进工作，负责项目立项审批以及项目初审。

投资并购小组由公司总经理担任组长，公司分管资产运营部的副总担任副组长，其他成员来源于公司资产运营部、财务票务部、项目实施相关直属单位以及具备专业技术经验的外部人士。

公司《投资并购小组议事规则》另行制定。

第十一条 公司资产运营部作为兼并重组和策略性投资的具体执行机构，负责项目收集、筛选、沟通、谈判及签约等工作。

第十二条 公司财务部是公司对外投资的财务管理部门，具体负责对外投资项目资金筹措、会计核算等，协同公司资产运营部或直属单位办理出资手续及收取分红及收益、收回本金等工作。

第十三条 公司财务部全程行使对外投资活动的监督检查权，负责对投资项目实施过程的合法合规性及对项目投资后运行情况进行审计监督。

第十四条 公司办公室负责对外投资项目的合法性和法律风险的评估，以及有关投资协议、合同、章程等文本的法律审核。负责项目材料的档案管理。

第十五条 公司人力资源部负责项目派驻董事、监事、高管等人员的选聘和考核工作。

第四章 投资活动决策权限

第十六条 公司投资决策权限

公司对公司本部及直属单位开展兼并重组活动、公司本部开展策略性投资活动、直属单位超出决策权限的投资活动进行决策，具体决策权限如下：

（一）单笔投资金额不超过×××万元，需经总办会批准；

（二）单笔投资金额超过×××万元以上，或者年度累积投资金额超过×××万元的对外投资方案，经总办会审议后，报董事会批准。

投资金额以当年总办会或（和）董事会批准金额为准。经公司总办会或（和）董事会审批设立的产业投资基金，若需分批支付投资款的，每次出资由公司总办会进行审批。经公司总办会或（和）董事会批准的投资项目，若需分批支付投资款的，按照相关合同履行资金审批程序。

第十七条　公司直属单位投资决策权限

直属单位对公司已审批的年度投资计划内的经营投资活动进行决策，超出年度投资计划的经营投资则需报批公司，具体决策权限如下：

（一）直属单位对于本办法所规范的年度投资计划内的经营投资，经其内部初审程序，报公司备案并经公司审批通过后，再履行其内部决策程序。

（二）直属单位对于超出年度投资计划的经营投资，先进行内部初审程序，并报公司审批通过后，再履行其内部决策程序。

第五章　投资活动的实施程序

公司投资活动主要包括公司开展的兼并重组、策略性投资，直属单位开展的经营投资，实施程序如下：

第十八条　公司兼并重组实施程序

公司本部是公司及其直属单位实施兼并重组活动的主体。兼并重组投资程序主要包括：项目筛选、初步尽调、立项审批、全面尽调、项目初审、投资决策、投资协议签署以及投资款安排及支付等步骤。具体流程如下：

（一）项目筛选

公司资产运营部及相关直属单位对投资项目作初步分析及筛选。经初步分析及筛选后，公司资产运营部与相关直属单位对项目作内部讨论，对有价值的项目成立项目组并指定项目经理，项目组由公司资产运营部与相关直属单位人员共同组成。

（二）初步尽调

项目组负责组织对已筛选的拟投项目作初步调研和考察，并撰写初调报告。初调报告以拟投项目是否具备可行性为重点内容，并重点分析以下方面：

1.管理团队的创业基因；

2.拟投项目的市场前景、商业模式及竞争优劣势；

3.拟投项目的财务状况、盈利能力等；

4.拟投项目与公司现有产业的协同效应；

5.项目的风险评估及防范措施；

6.其他需重点分析的内容。

初调报告经直属单位分管领导和公司分管资产运营部副总审核后，报投资并购小组作立项审批。

（三）立项审批

投资并购小组为拟投项目立项审批机构，经投资并购小组审批通过的，方可允许项目立项；投资并购小组不同意立项的拟投项目终止。初次未通过投资并购小组审批的投资项目，根据投资并购小组修改意见完善后，可再次报投资并购小组审批。经立项审批通过的拟投项目可签署合作意向协议，合作意向协议须履行合同审批程序。

项目组根据项目具体情况，向投资并购小组提出需聘请的中介机构共同参与项目全面尽职调查。如需聘请会计师事务所、评估机构、律师事务所等中介机构，选聘程序按照公司《遴选中介机构管理办法》执行。

（四）全面尽调

经立项审批通过的拟投项目，项目组应对拟投项目开展全面尽职调查。尽职调查的内容包括但不限于：公司历史沿革、组织架构、行业分析、业务与技术、公司治理、资产权属、诉讼或仲裁、税务、访谈等。

全面尽职调查完成后，项目组应撰写《项目尽调报告》及《项目投资建议书》。

（五）项目初审

经公司分管资产运营部副总审核通过的《项目尽调报告》及《项目投资建议书》提交投资并购小组初审，公司投资并购小组就项目可行性、合规性等进行审议，并形成初审意见。

（六）投资决策

公司投资并购小组审议通过后，项目组将《项目尽调报告》《项目投资建议书》及公司投资并购小组的初审意见，报公司总办会进行投资决策。如需董事会批准的，经公司总办会审议后再提请公司董事会决策。

公司总办会或（和）董事会对拟投项目是否投资进行决策，不同意投资的项目终止后续流程；暂缓投资的项目由项目组按照总办会或（和）董事会意见完善后，报公司总办会或（和）董事会再次审议。

拟投项目在通过决策后的后续投资过程中，若公司总办会或董事会会议表决之时的预设条件发生重大变化，项目组应及时撰写书面报告提请公司总办会终止或调整完善投资方案。

（七）投资协议签署

根据公司总办会或（和）董事会决议，项目组确定最终投资协议，并填写《合同审批单》，按公司合同审批程序审批后，公司或直属单位方可完成拟投项目的签约。

（八）投资款安排及支付

根据投资协议约定的付款时间、付款主体，项目组填写《付款审批单》，按照公司财务制度逐级审批后，交由公司财务部划拨资金，并向公司办公室提供《付款审批单》复印件。

项目组根据付款主体的不同（公司或直属单位），履行相应的资金内部审批流程，并按要求划款至投资项目的指定账户。

（九）投后管理

兼并重组完成后，投资项目应纳入公司管理体系统一管理，由公司或直属单位委派相关人员负责后续的运营管理。

直属单位相关人员应在半年和年末等时间节点对并购项目运作情况进行及时总结，并报送公司董事长、总经理以及有关分管副总。

第十九条　公司策略性投资实施程序

公司本部是公司开展策略性投资主体。策略性投资程序主要包括：项目筛选、初步尽调、立项审批、全面尽调、项目初审、投资决策、投资协议签署以及投资款安排及支付等步骤。具体流程如下：

（一）项目筛选

公司资产运营部对投资项目作初步分析及筛选。经初步分析及筛选后，公司资产运营部对项目作内部讨论，对有价值的项目成立项目组并指派项目经理，项目组由公司资产运营部人员组成。

（二）初步尽调

项目组负责组织对已筛选的拟投项目作初步调研和考察，并撰写初调报告。初调报告以拟投项目是否具备可行性为重点内容，并重点分析以下方面：

1.管理团队的创业基因；

2.拟投项目的市场前景、商业模式及竞争优劣势；

3.拟投项目的财务状况、盈利能力等；

4.项目的风险评估及防范措施；

5.其他需重点分析的内容。

初调报告经公司分管资产运营部副总审核后，报投资并购小组作立项审批。

（三）立项审批

投资并购小组为拟投项目立项审批机构，经投资并购小组审批通过的，方可允许项目立项；投资并购小组不同意立项的拟投项目终止。初次未通过投资并购小组审批的投资项目，根据投资并购小组修改意见完善后，可再次报投资并购小组审批。经立项审批通过的拟投项目可签署合作意向协议，合作意向协议须履行合同审批程序。

项目组根据项目具体情况，向投资并购小组提出需聘请的中介机构共同参与项目全面尽职调查。如需聘请会计师事务所、评估机构、律师事务所等中介机构，选聘程序按照公司《遴选中介机构管理办法》执行。

（四）全面尽调

经立项审批通过的拟投项目，项目组应对拟投项目开展全面尽职调查。尽职调查的内容包括但不限于：公司历史沿革、组织架构、行业分析、业务与技术、公司治理、资产权属、诉讼或仲裁、税务、访谈等。

全面尽职调查完成后，项目组应撰写《项目尽调报告》及《项目投资建议书》。

（五）项目初审

经公司分管资产运营部副总审核通过的《项目尽调报告》及《项目投资建议书》提交投资并购小组初审，公司投资并购小组就项目可行性、合规性等进行审议，并形成初审意见。

（六）投资决策

公司投资并购小组审议通过后，项目组将《项目尽调报告》《项目投资建议书》及公司投资并购小组的初审意见，报公司总办会进行投资决策。如需董事会批准的，经公司总办会审议后再提请公司董事会决策。

公司总办会对拟投项目是否投资进行决策，不同意投资的项目终止后续流程；暂缓投资的项目由项目组按照总办会意见完善后，报公司总办会或（和）董事会再次审议。

拟投项目在通过决策后的后续投资过程中，若公司总办会会议表决之时预设条件发生重大变化，项目组应暂停后续投资，并撰写书面报告提交相应决策机构审核。

（七）投资协议签署

根据公司总办会决议，项目组确定最终投资协议，并填写《合同审批单》，按公司合同审批程序审批后，方可完成拟投项目的签约。

（八）投资款安排及支付

根据投资协议约定的付款时间、付款主体，项目组填写《付款审批单》，按照公司财务制度逐级审批后，交由公司财务部划拨资金，并向公司办公室提供《付款审批单》复印件。

（九）项目跟投

策略性投资项目经批准可以实施跟投机制，具体办法另行制定。

（十）投后管理

公司资产运营部项目组负责对项目进行投后管理。对于参股项目如需派遣董事、监事等人员，派驻人员应在集团公司和其所在企业章程的授权范围内行使职权及承担责任。

项目组应按相关要求编写半年度、年度投后管理报告，并报送公司董事长、总经理、分管资产运营部副总。

第二十条　公司直属单位经营投资实施程序

公司直属单位是开展经营投资的主体。公司直属单位经营投资程序主要包括：项目论证、项目初审、项目报备/报批、项目投资决策、项目投资协议签署以及项目投资款支付等步骤。具体流程如下：

（一）项目论证

公司直属单位经营团队对拟投资的项目应从操作规范、投资效益、风险控制等方面进行可行性论证。

（二）项目初审

公司直属单位经营团队在项目论证完成后需对项目进行初步审查，并形成初审意见。

（三）项目报备、报批

直属单位经营团队在初审完成后需报备或报批，其中对于直属单位年度投资计划内的项目，拟投项目相关资料包括项目初审意见等向公司报备，由公司资产运营部受理；对于直属单位年度投资计划外的项目，拟投项目需向公司报批，报批材料需包括《项目投资方案》《项目可行性报告》以及项目初审意见等。

（四）项目决策

1.对于直属单位报备的拟投项目，经公司总经理审核后，由直属单位根据其公司章程履行其内部决策程序。

2.对于直属单位报批的拟投项目，需先提交公司总办会或（和）董事会进行审批，公司决策机构审议通过后，直属单位为达成项目实施预期的社会经济效益履行其内部决策程序。

（五）投资协议签署及投资款支付

直属单位按照其合同审批程序，签署投资协议；以及履行其资金内部审批流程，按合同约定支付项目投资款。

（六）投后管理

项目投资完成后，投资项目应纳入公司直属单位管理体系统一管理，由公司直属单位委派相关人员负责后续的运营管理。

公司直属单位经营团队对于报公司审批的投资项目，需在投资项目完成审批后10个工作日内将《项目投资方案》《项目可行性报告》、项目审批意见等报送公司资产运营部，作为制定年度投资计划的主要依据。

公司直属单位相关人员应在半年和年末等时间节点对投资项目运作情

况进行及时总结，并报送公司董事长、总经理、分管资产运营部副总以及相关分管直属单位副总。

第二十一条　项目审计

公司财务票务部可随时对投资项目事前、事中、事后进行全过程监督审计，确保投资项目合法、合规，主要包括：

（一）对项目投资决策情况审计，重点检查项目投资决策过程是否符合规定的程序；

（二）对项目执行情况审计，重点检查项目是否按照投资方案实施，相关财务处理是否规范，风险防范措施是否到位；

（三）对项目退出情况审计，重点检查投资项目资产作价是否合理，投资的回收是否及时完整。

第六章　项目档案

第二十二条　项目档案是指公司、直属单位在投资活动中形成的有保存价值的各种文字、图表、声像等不同形式和载体的历史记录。

第二十三条　根据项目不同分类，项目投资实施主体需整理档案资料交由公司办公室归档，其中兼并重组和策略性投资项目档案资料，由公司资产运营部整理交由公司办公室归档；直属单位上报的项目投资方案、项目可行性报告等，由公司直属单位相关人员交由公司办公室归档。

第七章　投资评估与罚则

第二十四条　公司、直属单位应当以定性和定量相结合的原则，择机对投资项目进行投后评估，总结项目投资经验和不足。投资项目后评估工作依据公司相关规定组织实施。

第二十五条　发生下列行为之一的，公司有权对责任人给予经济处分；情节严重构成犯罪的，依法移交司法机关处理：

（一）未按本办法办理审批而擅自对外投资；

（二）因工作严重失误，致使对外投资项目造成重大经济损失的；

（三）与第三方串通，造成对外投资损失的。

第八章 附则

第二十六条 本办法由公司总办会负责解释，自公司董事会批准之日起生效。

案例1.
古北水镇景区的融资之路

古北水镇位于北京市密云区古北口镇司马台村，是一座基于北方水文化建造而成的小镇，有着"北方乌镇"的美誉。古北水镇以"长城观光、北方水乡"为核心卖点，吸引了北京两千多万的潜在旅游者，并且通过北京这一国际化旅游平台，间接拥有上亿的潜在世界客源。

作为北京市"十二五"规划的重点旅游建设项目，古北水镇的开发获得了政府在政策和资金方面的扶持。2012年密云区政府除了划拨4100万元基建补贴，还在道路交通、征地拆迁、水电供暖等方面给予了大力支持。

根据相关信息来看，密云区专门成立了"古北水镇"项目手续审批工作协调领导小组。除立项和建设用地手续外，市级行政审批权限一律下放，在依法依规的前提下，最大限度地加快审批进程，各相关部门从受理到审批，均将时间压缩在行政许可的最短时限。

古北水镇融资经历了下面几个阶段：

2010年6月，中青旅与北京密云区签订战略协议，合作开发古北水镇国际旅游综合度假区项目。一个月后，中青旅设立北京古北水镇旅游有限公司，注册资本2.1亿元，由中青旅全资控股，作为古北水镇项目的建设主体，推进项目建设工作。

2011年6月，中青旅为古北水镇旅游公司以出具保函的方式向北京和谐成长投资中心借款1亿元人民币提供担保，借款期限一年。8月，古北水镇旅游公司获得国际休闲度假旅游区一期项目旅游用地717.54亩，成交价格2.59亿元；11月获得旅游用地359亩，成交价格1.94亿元。拿到土地后，项目方与龙湖地产合作推出6.8万平方米长城源著项目，通过销售实现资金回笼。

2011年12月，乌镇旅游公司和IDG资本对古北水镇旅游公司投资，使旅游公司注册资本由2.1亿元增至5亿元，增资后中青旅持股42%，乌镇旅游持股18%，IDG资本持股40%。

2012年8月，京能集团又对古北水镇旅游公司进行增资扩股，投资5亿元，占股20%。此时古北水镇旅游公司的自有资金达到15亿元。充足的资金让项目的抗风险能力大大增强。同时，项目的建设运营团队、国有资本、战略投资人持股比例均为15%~20%，很好地平衡了项目管理团队与资方的利益关系。

此后，旅游公司以项目土地及地上建筑为抵押物，从中国银行北京分行、交通银行北京分行获得合计15亿元10年期银行贷款，加上旅游公司自有资金，项目建设资金达到30亿元。

2013年5月，项目公司各股东方共同对古北水镇公司进行增资，合计增资金额3.02亿元，此时因中青旅持股比例下降，古北水镇不再纳入财务报表合并范围，变更为联营子公司。

2013年10月，古北水镇项目一期开业。2014年元旦开始试运营。2014年7月，古北水镇各股东按持股比例对公司进行增资，共计出资8亿元，将注册资本由13.02亿元增至15.32亿元，为新增项目开发提供资金，降低财务费用。

古北水镇的融资思路，是典型的"整体产权开发+多元复合经营投融资方案"。首先，项目方对古北水镇的资源进行梳理并找到其中的亮点，在精准定位的基础上，让立项报批更加顺利，并在前期获得政府的资金和政策支持。

其次，项目的收入来源多样，降低了对门票的依赖性，索道、温泉、餐饮、娱乐等各项目互为促进，提升整体收入。运营公司除通过招、拍、挂形式取得一千多亩土地外，原有古镇采用租赁运营模式，降低重资产投入的规模，提高投资回报率。古镇中新建的酒店采用自持模式，其他商业物业自营，将计入利润表的收入规模尽可能做大，便于未来持续融资。

再次，寻找匹配的融资模式，商业银行贷款、TBT、PPP以及股权类融资模式如PE、VC、Pre-IPO等，在不同的阶段选择与之匹配的投融资模式与金融工具，达到募集资金投入项目建设运营的目的。

纵观古北水镇的融资之路，有许多值得借鉴的地方，除了项目所在区域资源的稀缺性和政府的大力支持外，能够引入IDG资本及京能集团等战略投资者并进行多轮增资是重中之重。此外，不得不提的还有项目管理团队。据了解，古北水镇这一项目由乌镇原班团队负责打造，不但保证了项目质量，甚至在乌镇成功经验的基础上，达到了"青出于蓝而胜于蓝"的效果。

案例2.

天目湖成功上市的经验

天目湖位于江苏省溧阳市天目湖旅游度假区，其前身是1958年开工建设的沙河、大溪两座国家级大型水库。后来通过不断的改制，逐渐形成了一个民营控股、从事旅游景区开发管理和经营的公司，所涉经营项目主要包括景区经营、水世界主题公园、温泉、酒店、旅行社等旅游相关业务。

2016年2月，江苏天目湖旅游股份有限公司向证监会递交了上市申请材料。2017年7月31日，中国证监会主板发行审核委员会召开2017年第117次发审委会议，通过了天目湖的IPO申请，同年9月27日，天目湖在上海证券交易所主板正式挂牌上市，成为江苏省首家上市旅游景区。

从天目湖的上市过程中，我们可以总结以下经验。

一、高举高打，迅速扩张

根据天目湖的招股书显示，江苏天目湖旅游股份有限公司成立于1992年，早期只有两艘6人座快艇，通过整合周边的景点，在2001年推出了第一个湖泊型的精品景区型产品——山水园景区，这也是国家首批4A级山水园景区。自此，公司的客流和收入开始进入了明显的上升期。此后的2003年，公司开始控股开发南山竹海生态型景区，2009年推出温泉休闲度假产品，2014年投入并运营南山小寨和水世界主题公园。

通过不断发展，天目湖的旅游产业不断扩大，形成了一个集观光、休闲、度假、疗养等功能于一体的旅游胜地，并且促进了溧阳市以旅游、餐饮为代表的第三产业经济的发展，创造了一系列衍生产业就业岗位，带动了景区周边人民群众自发开展旅游周边的经营活动。

二、摆脱"门票经济"的束缚

对国内绝大多数旅游景区来说，受经营方式、服务项目、管理方式等方面的限制，门票收入一直是主要经济支柱，同时也是影响景区乃至景区所在地的可持续发展的重要因素。越来越多的景区希望跳出门票经济，而早在几年前，天目湖就已经这么做了。

对于天目湖来说，上市除需符合常规条件外，还需比照2006年12月31日出台的《风景名胜区管理条例》进行规范。其中最重要的是第三十七条："进入风景名胜区的门票，由风景名胜区管理机构负责出售。门票价格依照有关价格的法律、法规的规定执行。风景名胜区内的交通、服务等项目，应当由风景名胜区管理机构依照有关法律、法规和风景名胜区规划，采用招标等公平竞争的方式确定经营者。风景名胜区管理机构应当与经营者签订合同，依法确定各自的权利义务。经营者应当缴纳风景名胜资源有偿使用费。"

虽然对于天目湖来说，公司所在的天目湖旅游度假区未被认定为国家级风景名胜区，因此把门票收入纳入主营业务收入范围是合规的，但是当时天目湖的门票收入并非景区收入的主要来源。其财务报表显示，从2014年到2016年，景区业务中的门票收入在天目湖总营收中一直没有超过30%，且占比呈下降趋势。

与门票收入相比，天目湖的二次消费收入增长明显。天目湖的二次消费项目主要是游船、索道、缆车、奇石馆等园区内的收费项目。此外，天目湖的营收来源还有酒店、温泉、商业销售、水世界、旅行社业务等，这些二次消费的项目更容易提升业绩。

　　天目湖的成功上市，给一些景区提供了一个样本，同时也让景区看到了在门票经济外，二次消费的巨大潜力。在未来一段时间内，完善旅游产业链，构筑"大旅游"体系，将是景区的一个发展方向。